科技创业公司的财务管理

FINANCIAL MANAGEMENT
FOR TECHNOLOGY START-UPS
A Handbook for Growth

[英] 阿尔努尔·比曼尼（Alnoor Bhimani） 著
隋钰冰 译

中信出版集团 · 北京

图书在版编目（CIP）数据

科技创业公司的财务管理 /（英）阿尔努尔 · 比曼尼著；隋钰冰译 . -- 北京：中信出版社，2018.10

书名原文 : Financial Management for Technology Start-Ups：A Handbook for Growth

ISBN 978-7-5086-9377-4

Ⅰ. ①科… Ⅱ. ①阿…②隋… Ⅲ . ①高技术企业 - 财务管理 Ⅳ . ① F276.44

中国版本图书馆 CIP 数据核字（2018）第 194831 号

科技创业公司的财务管理

著　　者：[英] 阿尔努尔 · 比曼尼（Alnoor Bhimani）
译　　者：隋钰冰
出版发行：中信出版集团股份有限公司
（北京市朝阳区惠新东街甲 4 号富盛大厦 2 座　邮编　100029）
承 印 者：中国电影出版社印刷厂

开　　本：787mm×1092mm　1/16　　印　　张：17　　字　　数：180 千字
版　　次：2018 年 10 月第 1 版　　印　　次：2018 年 10 月第 1 次印刷
京权图字：01-2017-6693　　广告经营许可证：京朝工商广字第 8087 号
书　　号：ISBN 978-7-5086-9377-4
定　　价：62.00 元

服务热线：400-600-8099
投稿邮箱：author@citicpub.com

推荐语

这应该是科技投资者和企业家心仪已久的一本书。这本书利用直观明了的插图和原则，将财务融入创新性的商业模式中。这是一本充满智慧的、几乎没有复杂术语的书，它展示了会计数据如何推动科技创业公司走向成功。

——哈佛商学院商业管理学教授，亚瑟·洛斯·迪金森（Arthur Lowes Dickinson）；哈佛大学哈佛创新实验室负责人，斯坎特·M. 达塔（Srikant M. Datar）

具有清晰而灵活的财务战略对于创业公司的成功非常关键。这本专著是那些有抱负的企业家不可多得的好书。

——英国信息服务商 IHS Markit 公司董事长兼首席执行官，兰斯·乌格拉（Lance Uggla）

这本书是希望掌握那些影响企业关键财务指标的创业者的一项重要资源，作者提供了大量与创业过程中所面临的真实挑战直接相关的示例和案例。这本书是对创业者的工具箱的一项重要补充。

——安永（EY）会计师事务所合伙人，卡姆兰·马利克（Kamran Malik）

如果这本书更早出现该有多好……从创办创业公司到首次公开募股（IPO），这本书本应该是我的财务圣经。

——澳大利亚 Jayex. com 网站创始董事，阿甘·贾因（Agam Jain）

如果你正身处创业初期的科技公司，无论你是企业家、教练还是投资者，这本书都将为你提供持续地支持和发展企业所必备的财务管理视角。它以极为专注和具有感染力的方式提供了关于科技创业公司的信息，这些信息都是企业家需要了解的和投资者希望了解的。

——欧洲工商管理学院（INSEAD）全球私募股权投资研究中心（Global Private Equity Initiative）教授、主任，克劳迪娅·纪斯伯格（Claudia Zeisberger）

科技创业公司有别于传统企业……它们利用更少的资源并在更加具有不确定性的环境中运营，通过持续验证之类的特定活动来创造更高的回报。因此，有效的竞争需要特殊的技能——包括针对创业公司的财务管理。阿尔的书是目前为止这一主题最好的资料：简洁而务实。这本书你不可错过。

——加拿大创造力突破实验室（Creative Destruction Lab）创始人，下一个36（Next 36）联合创始人，多伦多大学创业学彼得·蒙克（Peter Munk）教授，阿杰伊·阿格拉沃尔（Ajay Agrawal）

真让人爱不释手！这本书填补了科技创业领域的一大空白，它将以从未有过的方式赋予你财务管理的能力。

——牛津大学教授，瑞士全球量化研究实验室（Quantum Global Research Lab）负责人，姆苏利·恩库贝（Mthuli Ncube）

科技创业公司与投资者接触时，最大的障碍之一就是缺乏财务智慧。现在，这个障碍消失了。这本充满实践经历的专著展示了如何从科技创新中获取财务回报。

——芬兰亚玛芬体育（Amer Sports）首席财务官，尤西·西特林（Jussi Siitonen）

阿尔努尔·比曼尼为创业公司提供了一幅具有实践性的、随时可用的地图，帮助科技创业者利用可靠的财务战略与管理活动来构建创意和发展他们的新企业……通过帮助创业者构建坚实的基础、加速成长并创造价值，这本书支持强大的想法和终身持续的创新。

——美国巴布森学院（Babson College）院长，克丽·希莉（Kerry Healey）

针对下一代科技创业公司最棒的一本书！阿尔·比曼尼完整地阐释了会计，从而展示了创新如何释放价值。

——瑞士洛桑国际管理学院（IMD）财务管理学教授，列夫·苏博伦（Leif Sjoblom）

阿尔努尔·比曼尼教授是著名的管理会计及企业管理学家。他的这本书为企业家了解公司在成长过程中是如何运作的提供了深入的指导，提供了运营创业公司必备的会计知识，让管理者能够更高效地进行企业融资和管理。这确实是一本实用的佳作，技术投资者和创业者不可不读。

——美银美林（Bank of America Merrill Lynch）董事总经理兼全球股权量化分析总监，麻省理工学院博士，查利·王（Charlie Wang）

这本简明的专著讨论了标准财务教科书中所缺失的重要问题。对于追求企业持续增长的科技创新者来说，它是一本真正有价值的指导读物。

——加纳大学商学院（University of Ghana Business School）院长、金融学教授，乔书亚·尹登那巴·阿博（Joshua Yindenaba Abor）

少见的一本从头到尾都吸引着你阅读下去的会计书！这本专著是科技创业者和科技投资者当下不容错过的读物。它为渴望增长的科技创业公司提供了精准的战略性财务视野。

——西班牙，西班牙 IESE 商学院（IESE Business School）创业学和会计学教授，安东尼奥·戴维拉（Antonio Dávila）

就像阿尔努尔·比曼尼在本书中所讲到的“科技创业公司是一个全新的世界”，但为了在这个不同的世界中获得成功，你需要具备财务和管理知识，而这正是比曼尼所提供的东西。在这本简短、详尽而清晰的实践指南中，科技创业公司的企业家将学习到必备的财务知识，教会他们如何在自身的领域中创造价值并将价值货币化。

——伦敦政治经济学院（LSE）管理学教授，管理学系创始人，索尔·埃斯特林（Saul Estrin）

在数字经济中，可能有无数的解决方案，却鲜有财务解决方案。因此，科技创业公司需要一种从创意到执行的新的会计和财务方式。比曼尼教授的这本实践指南用易于阅读的语言，向企业家展示了如何利用财务和如何从投资者的视角评价企业。

——意大利博科尼大学（Bocconi University）教授，塞尔吉奥·贝雷塔（Sergio Beretta）

阿尔努尔·比曼尼的书是一个创新。这本书改写了希望助推企业发展的科技创业者的财务规则，同时还展示了如何满足每一位投资人的要求。

——巴西圣保罗大学教授，法比奥·弗雷扎蒂（Fábio Frezatti）

献给法拉

目　录

作者简介

阿尔努尔·比曼尼是伦敦政治经济学院创业学院创始院长、管理会计学教授。他的主要研究方向为战略金融、科技创业、企业成长和数字技术。

前　言

我们之所以看到当今世界的科技突破，是因为有人触发了这场变革。有人知道这种突破会改变事物，甚至比改变我们对事物认知、思考、行动、经历和互动的方式更早。在科技可能性上仅仅有“灵光闪现”是远远不够的。只有正确的执行才能真正实现改变。提出一项创意并不难，但行动起来并做出真实的转变，却需要富有成效的努力和行动。本书将为你提供推动科技创业公司发展所需要的财务知识。为了创办和发展科技公司，你需要对公司如何创造价值和实现公司价值货币化的步骤有敏锐的理解。大量关于财务管理和会计的书籍与课程为你提供了基本的财务知识，但它们把如何将财务知识应用到科技创业公司中的问题留给了你。这些书籍和课程所遗漏的，恰好是你需要在创业公司中应用的精确的财务知识，而其中的重点是技术和创新！本书介绍了专门针对科技创业公司的即时可用的会计和财务核心知识，将赋予你成功推行科技商业模式并迅速定位新的利润增长路径的能力，并且将帮助你决定如何进行融资和与投资者进行沟通。本书通过将财务管理的基本准则融入科技公司的核心原理中，为你提供科技创业公司成功的终极财务视角。

现在是科技创业公司最好的时代吗？企业家不会坐等最好的时代的到来。但现在我们看到的，可能是世界历史上最大的一次技术变革。这使得眼下成了科技创业者付诸行动的良机。显然，科技革新不会等待任何一个人，因此，行动的时机可能稍纵即逝。你需要迅速了解科技创业公司的财务基础。很多处于科技创业生态系统中的人都认识到过滤当前的会计和财务知识的必要性，以便从中提取出与科技创业公司相关的部分。本书正是这样做的，并且采取了你能够很快理解和立即应用的形式。

你会从本书中有所收获吗？利用数字技术引导创新的科技创业公司正在不断发展，它们寻找到了更多的创造价值、降低投入成本和拓展商业化应用的方式。所有这些问题都将在本书中得到讨论。一年之内，全球将有 200 万人创办数字或科技创新企业，如果你是其中之一，那么本书将是你的一项重要资源。同样，如果你是一名需要掌握科技创业公司基本财务情况的政策制定者、社会企业的倡导者、天使投资人或风险资本家，你也会想要阅读本书。如果你是校办创业公司和创新实验室的学生或老师，或是正在参与科技创业课程、需要对财务和会计知识有所了解的人员，你也会在本书中找到你所需要的资料。此外，孵化器、加速器、推动科技创业公司发展的公共部门或私营机构，以及企业内部的创业项目也会发现本书的内容对它们的工作来说非常重要。

本书的方法非常实用，重点是与科技公司相关的财务管理实践。我们将以现实案例的形式讨论具体的适用于科技创业公司的成本问题和财务基础，以便读者可以直接使用这些知识。我们也将考察一些公开上市的企业的财务状况，如亚马逊、脸书网和亿贝等。当然，为了强调图表的实用性，本书对材料的选取非常严格，但在内容的表达上有删减，以便揭示核心内容。你会发现本书的内容很容易被消化，因此你可以将直接与科技创业公司相关的财务管理知识应用到企业的管理运营中。在基于新兴科技创新的价值创造方面，如手机应用、大数据、商业分析、网络相关项目、区块链和 3D 打印等，本书将提供大量的财务案例分析。本书的最后一章将各类指标和关键业务表现的驱动因素集中到一张“科技创业公司追踪表”中。这是一个可以帮助你监控创业公司发展的评分工具，为企业在经营活动或商业假设方面的转变提供指针。

由于本书为读者提供了极为具体的财务管理视角，旨在引导和促进科技创业公司的发展，但如果你是希望通过专业考试的会计学学生，那么本书不适合你。本书没有涉及复式记账、详细的会计流程和标准及税务问题等细节内容。本书也不适用于寻求常规管理会计和财务工具的传统企业。

阅读本书，你将了解多种由科技激发的商业模式。你将看到，网络、连接和其他针对科技公司的交换渠道也是价值创造的根源。你将发现，围绕科技创业公司活动展开的持续试验是如何需要特定类型的财务管理视角的。本书将探讨外部化企业活动和内包产生的影响，以及利用两种方法来增加利润的差异，即利用需求侧价值效应和降低供给侧成本。我们将发现，经过不断试验和检验的、让企业成功的公司战略在科技创业公司的经济活动中只有一个作用——引导反向操作！你将通过反复出现的大量实例发现，当前的财务管理必须要反映出科技创业公司的以下事实：

- 点击是没有成本的；
- 不需要购买系统；
- 在初始阶段，企业的销售额增长优先于盈利；
- 销售收入的增加并不一定伴随着成本的上升；
- 科技可以将现有企业的收益再次分配给用户和创业公司。

同时，你将学习到科技创业公司的财务知识，在这样的企业中：

- 消费者和企业家精神创造价值——而不是资本创造价值；
- 边际成本接近于零且固定成本可能是变动的；

- 销售额优先于利润可以吸引更多投资者；
- 成本呈算术级增长，而价值呈指数级增长；
- 大型科技公司激发了一批新型小企业；
- 大型创业公司的盈利无须由服务用户来支付。

本书各章节的内容将详细、具体地介绍你所需要的财务基础知识。因此，你将学习到：

- 变动成本与固定成本；
- 利润表和资产负债表的结构；
- 终极工具——边际收益；
- 利用预算来预测企业未来的利润；
- 精益会计及通过指标驱动增长；
- 对投资者使用正确的会计信息和财务比率；
- 监控财务信息以确定利润增长的来源。

此外，你将探索如何开展以下活动：

- 计量产品的成本并分析差异；
- 利用作业成本来辅助企业实现利润最大化；
- 监控客户获取成本、客户终身价值和流失率；
- 将企业的目标与投资者的投资回报率目标相匹配；
- 利用科技创业公司评分表来确保企业发展的正确方向。

你已经知道，每位科技创业公司的创始人都是神通广大的人，他们寻找现有问题的解决方案并开发改善我们生活方式的产品和服务。本书介绍了支持科技创业活动需要的所有财务知识。科技创业公司的成长之旅由此启航。

缩略词表

ATV (average transaction value) 平均交易价值
B2B (business-to-business) 企业对企业
B2C (business-to-consumer) 企业对个人
C2C (customer-to-customer) 个人对个人
CAC (customer acquisition cost) 客户获取成本
CCR (customer churn rate) 客户流失率
CDs (certificates of deposit) 大额可转让定期存单
DPS (dividend per share) 每股红利
EPS (earnings per share) 每股收益
GAAP (Generally Accepted Accounting Principles) 公认会计准则
IFRS (International Financial Reporting Standards) 国际财务报告准则
IPO (initial public offering) 首次公开募股
IRR (internal rate of return) 内部收益率
JOBS (Act) (jumpstart our business start-ups) 企业振兴法案
KPI (key performance indicator) 关键绩效指标
LTV (lifetime value) 终身价值
MRR (monthly recurring revenue) 月度经常性收入
P2P (peer-to-peer) 点对点
ROA (return on assets) 资产收益率
ROI (return on investment) 投资收益率
ROE (return on equity) 净资产收益率
SAFE (simple agreement for equity) 未来股权简单协议

致 谢

本书的撰写得到了很多人的帮助。科根·佩奇（Kogan Page）出版社的梅洛迪·道斯（Melody Dawes）敏锐地发现了《科技创业公司的财务管理》的独特价值，她的团队为本书的内容构架提供了很多建议。佐伊·吉尔伯特（Zoe Gilbert）提供的编辑工作无比珍贵。布伦达·克拉克森-威廉姆斯（Brenda Clarkson-Williams）、玛利亚姆·法伊兹（Mariam Faiz）、凯瑟琳·哈特尔（Katherine Hartle）、苏珊·霍奇森（Susan Hodgson）、菲利帕·费森（Philippa Fiszzon）及审稿人安东尼奥·马尔芬斯·菲耶罗（Antonio Malfense Fierro）和科林·巴罗（Colin Barrow）也贡献了宝贵的投入。

感谢支持和帮助建立伦敦政治经济学院创业学院的各位，他们让这一领域对本书的需求得以彰显。众多参加讲座、网络活动、孵化器活动、创业研讨会、创业辩论、资助竞赛和政策简报的人士都以各自的方式，为本书所表达的观点做出了贡献。在此，特别感谢佐尔坦·艾斯（Zoltan Acs）、马克斯·卡太列里（Max Cartellieri）、邓肯·克拉克（Duncan Clark）、埃里克·莱斯（Eric Ries）、莫·伊布拉欣（Mo Ibrahim）、罗恩·席尔瓦（Rohan Silva）、沃尔·科拉德（Wol Kolade）、雪莉·库卓（Sherry Coutu）、卡姆兰·马利克、丹妮拉·帕皮-桑顿（Daniela Papi-Thornton）、穆罕默德·尤努斯（Muhammad Yunus）、索尔·埃斯特林、泰利奥·哈吉-艾奥安诺（Stelios Haji-Ioannou）、彼得·泰尔（Peter Thiel）、兰斯·乌格拉、莉萨·布丽奇特（Lisa Bridgett）、大卫·斯特林格-拉马尔（David Stringer-Lamarre）、克雷格·卡尔霍恩（Craig Calhoun）、苏珊·里奥托（Susan Liautaud）、菲罗兹·劳尔吉（Firoz Lalji）、姆苏利·恩库贝、克丽·希莉和阿德里安·伍尔德里奇（Adrian Wooldridge）。

感谢我的女儿莉娅（Lia）、索菲亚（Sofiya）及我的伴侣法拉（Farah）一直陪伴在我身边。

第一章

就是现在

财务管理是否格外重要

科技商业模式如何重塑企业

为什么需要一种不同的财务管理技能

本书所提供的财务管理视角如何助力创业公司的成长

每一天，我们几乎都可以看到专注于科技创新的科技创业公司启动。然而，尽管所有科技创业公司都有不错的创意，但仅仅依赖创意却是不够的。科技公司远远不只是关于科技的一项创意，重要的是如何卓有成效地实现你的创意。本书将为你提供企业启动和成长过程中控制整个科技创业公司所需的财务知识。为什么是现在呢？我们发现，当前正处在另一次工业革命的开端，并且对于启动科技创业公司来说，很难想象有比现在更加完美的条件。第一次工业革命发生在250年前，主要是机械工业革命。第二次工业革命发生在大约100年前，主要针对电气化和规模化生产。主要发生在电子和自动化领域的第三次工业革命约始于50年前。而现在，我们正在见证第四次工业革命，这次革命中实体世界与虚拟世界正在融合，这种融合改变着我们生产、消费、移动、交流和互动的方式。在前三次工业革命中，了解巨大的变化正在发生的人并不多。如今的不同之处就在于，我们知道自己正在经历划时代的转变，同时，我们也知道自己可以影响转变的方向。正是这种新的意识让现在成为启动和发展科技创业公司的最佳时机。

一部分科技创业公司在很短的时间内成长为大企业，这些公司包括字母表（Alphabet）、脸书网和亚马逊等，它们为用户、生产者和消费者创造了巨大的价值。但是，不同于大众汽车、中国石油、富士康和沃尔玛这样的工业时代的大型企业，这些庞大的科技公司允许大量新企业相伴而生——一部分是大企业，另一部分是小企业。因此，在数字经济时代赚钱的方式很多。任何一个人都可以结合谷歌的能力，通过脸书网来为全球近四分之一的人口提供无限的信息服务。再加上现成的廉价甚至免费的网页服务，你就能开始创办科技公司了。例如，通过谷歌广告（Google AdSense）和亚马逊广告联盟（Amazon Affiliate）开发广告内容并推送到浏览者面前就非常直接。所以，几乎没有什么可以阻挡有创意的人和想要成立创业公司的人。通过商业方式参与科技的大量机会正在涌现——而现在新生的部分创业公司将成为未来的科技巨头。

每一天，我们都看到科技正在拓展自动化和数字化的边界，而这些科技反过来提升了生产力、效率、交流和娱乐。我们也看到，科技在如何改变着我们做事的时间、地点、理由和方式。在第四次工业革命来临之际，物质和数字将更加紧密地结合在一起，而这将为重构我们的活动与交流带来极大的机遇。尽管如此，首要的关键点在于理解科技公司有什么不同之处，因为这意味着它们需要一种特殊的方式来进行财务管理。因此，本章我们将讨论以下问题：

- 财务管理是否格外重要；
- 科技商业模式如何重塑企业；
- 为什么需要一种不同的财务管理技能；
- 本书所提供的财务管理视角如何助力创业公司的成长。

为什么要关心财务管理

时间总是有限的，而学习财务管理意味着你倾注在你的创业公司身上的宝贵时间就要减少——这样做值得吗？成功的企业家、商学院的教授和商业评论家会告诉你：如果希望创业公司获得成功，那么你真的有必要学习一些会计和财务方面的知识。他们也会告诉你，这些知识会让你在很长的时间内受用。首先，你希望有能力计算自己的所得大于投入的部分。换言之，你在创造价值吗？为了实现这个目标，你需要知道与你自己的投入相比，如何追踪消费者传递给你的东西。因此，你必须要了解成本和收入，而一旦了解了它们，你就能够计算出企业创造的经济贡献。

其次，如果你知道自己正在创造价值，那么你就需要知道自己的定位是否正确。知道定位是否正确意味着进行更多的预测和推算，以便明确自己的目标。所以，如果你正在制定将来某个时间点的目标并朝着这个方向付诸行动，那么你将希望自己在任何时刻都有能力进行追踪，无论你是否正在完成期望达成的目标。这里的问题是：你所创造的价值是否达到了自己期望的目标？

再次，你也希望就自己是否漂亮地完成了工作做出判断。这实际上是在问：你使用了最少的资源来创造出最大的价值吗？因此，你需要知道自己所拥有的资产及从中创造的价值。如果你真的干得非常漂亮的话，那么你一定可以通过利用最少的资源来创造大量的价值。

最后，如果你有潜力通过你的创意、技能和能量来创造大量的价值，但没有足够的资金来实现，你就需要借用别人的资金！虽然可能有人愿意向你提供这些资金，但是他们的期望却很高。创业公司的投资者注意到，超过三分之一的创业公司的失败都源于创始人对财务管理缺乏了解（ACCA，2016）。在美国，超过一半的小型企业会在一年之内倒闭，而约90%的企业失败的原因都在于管理上的失误，其中就包括缺乏财务责任感和意识［泰特斯（Titus，2017）］。而在欧洲（欧洲联盟，2016）、中东和北非地区（《经济学人》，2017），以及印度［艾莫非西斯（Imorphosis，2016）］、中国［刘（Liu），2016］、澳大利亚［斯旺（Swan），2015］、马来西亚［拉赫曼（Rahman）等，2016］和巴西［切斯顿（Cheston），2016］等国家，财务知识的欠缺被认为是创业公司失败的关键原因。因此，投资者们会为你设定目标，并要求获取创业过程中的财务信息。他们需要知道：你有足够的财务知识来运营科技创业公司吗？

所有这些都是你需要精通财务知识的真实原因。然而，你已经知道，财务管理意识可以帮助你的创业公司更好地与投资者沟通，更好地执行商业策略，以及更为敏捷地在不断涌现的新兴盈利方式中精准地定位。这是你阅读本书的原因。更重要的问题在于：科技创业公司的新业务真的那么不一样，以至需要一种独特的方法来处理会计和财务工作吗？我们随后将看到，这个问题的答案是非常肯定的。这才是你应当阅读本书的真正原因。让我们探讨一些具体的科技商业模式，并分析是什么导致你所需要的财务知识如此不同。

企业的新商业模式

任何企业的经营活动都要基于一种商业模式（business model），这种模式代表着企业创造和传递价值的前提条件。对于一家商业企业而言，这意味着识别出盈利的方式、产品的消费者基础及融资的方式。当然，本书所关注的是科技创业公司（tech start-ups）。科技创业公司要么是以新的方式供应以科技为核心的产品，要么是创造新的以科技为核心的创新性解决方案。科技既包括软件也包括硬件——例如，你可能正在开发一项手机应用（软件），或者一个更加智能的智能平板电脑（硬件），或者二者的结合。你的科技创业公司可能试着向其他公司销售产品或服务（即企业对企业，business-to-business 或

B2B），也可能直接向个人销售（即企业对个人，business-to-consumer 或 B2C）。或许，企业为消费者之间的产品交换或交易提供平台（个人对个人，customer-to-customer 或 C2C）。你的科技公司可能是一家硬科学（hard science）的创业公司，利用科技来改善解决方案，如材料科学、老龄化健康衰退、基因组挑战和机器人等；它也可能是在前沿科技（deep tech）领域，内容涉及大数据、机器学习和人工智能；或许，它是一家金融科技（fintech）企业，通过使用软件和现代科技来提供金融服务；也可以假设它某种程度上是在创造一个平台（platform），目的是让用户、生产者和消费者互动起来。知名科技公司的产品供应范围非常广泛，并且利用平台创新来区分广泛的程度［参见莫塞德和约翰逊（Moazed and Johnson），2016；帕克（Parker）等，2016］。如苹果、亚马逊、腾讯、贝宝（Paypal）、弗利普卡特（Flipkart）、色拉布（Snapchat）、魅卡多网（Mercado Livre）、脸书网、百度、字母表、乐天（Rakuten）、在线旅行社 eDreams、扎兰多（Zalando）、闪印（Cimpress）和阿索斯（Asos）等都是平台企业，它们为用户提供了以不同的程度和方式相互联系及互动的途径。

在科技领域中，没有固定的行为方式。事实上，技术变革的核心在于突破。创业公司尝试以不同的方式使用技术，常常为消费者带来新的获益方式。科技公司的商业模式可能取决于更优质的供应、更加透明的服务、更低的价格、更多方式的打包服务，更重要的则是自行创造更多市场需求的全新的价值驱动力。科技公司总是在创新的同时创造价值。那么，科技公司的商业模式如何才能实现这个目标呢？下面就让我们来探索部分主要的商业模式类型，并讨论为什么它们需要不同的会计方式。

一种科技公司的商业模式是免费增值模式（freemium model）。在这种模式下，用户可以获得多种免费的功能，即企业可以开发最初始的广泛的客户群。当客户开始喜欢各种各样的供应物时，企业就可以向他们出售附加的元素，客户可以以非常低的价格选择不同的服务。侨兴环球（Xing）、云存储（Dropbox）、网络电话（Skype）和领英（LinkedIn）就是使用免费增值服务模式的企业。还有一种模式是广告商业模式（advertising business model），在这种模式下，用户接触的广告是这些公司的主要资金来源。比如，谷歌和百度就是让用户在它们的网站上进行免费搜索。

另一类商业模式则依赖于体验式众包用户群（experience-oriented crowd users）。此类模式的核心在于用户使用平台时会产生情感体验。这里所创造的价值被外包给了公共的用户群体，而每一位用户的个人贡献也会让其他用户获益。一般情况下，通过分析用户的互动情况和个人档案，这些企业拥有获得盈利的多种可能性。脸书网、新浪微博、曲调视频（Tune. pk）、推特、优酷、潘朵拉视频（Pandora. tv）或尼科动画（Niconico）就是例子。关于使用此模式的创业公司所获得的财务价值，根据你所询问的对象和时间，你将听到不同的意见。以几年前的色拉布为例。创始人俱乐部（FundersClub）（2017）常常会津津乐道地讲述这个故事。2012 年年末，色拉布公司的联合创始人埃文·斯皮格（Evan Spiegel）和博比·墨菲（Bobby Murphy）与马克·扎克伯格（Mark Zuckerberg）（脸书网公司董事长、首席执行官和联合创始人）会面。这次会面并不是非常友好，因为扎克伯格非常清楚脸书网的最新产品。

> 波克（Poke）这款用于分享照片的移动应用程序，在被浏览几秒钟后自动消失。据斯皮格介绍，这场会议的实际目的是宣告“我们将要毁灭你”。色拉布是幸运的，因为波克最终失败了，而色拉布在这个过程中获得了大量的注册用户。而扎克伯格很快便毕

> 恭毕敬地找到斯皮格和墨菲，唱出了不同“曲调”：以30亿美元的价格购买色拉布的所有业务。对于一家还没有产生任何收益和缺乏清晰盈利路径的公司，这份报价好得不太真实。因此，当色拉布拒绝这项交易时，投资者非常震惊，怀疑公司是否会在没有现金流的情况下倒闭。但时间证明了斯皮格的直觉是正确的，色拉布的估值从2012年的30亿美元飙升到2015年3月的150亿美元。
>
> 创始人俱乐部，2017

2017年3月1日，色拉布IPO，估值为330亿美元。可见，科技公司的商业模式可以创造巨大的价值，但只有当金融交易发生时，其真正的价值才能予以确认。当然，色拉布和脸书网都是广告驱动模式的企业。

此外，还有一种订阅（subscription）商业模式。这种模式要求用户订阅服务，定期支付固定的费用。采用此类模式的企业包括声破天（Spotify）、胡克（Hooq）、奥多比（Adobe）、艾菲利克斯（IFlix）和网飞（Netflix）。该模式的近亲是按用户计价（price-per-user）模式，每一位用户一次付费即可获得永久的使用权。苹果手机的应用和微软办公软件就属于这一类。电子商务（e-commerce）或网络零售模式则是通过网络销售产品或服务，这不足为奇。销售可以是直接的，即不需要任何中介，也可以是间接的，如亚马逊、阿里巴巴、乐天和弗利普卡特。而经纪（brokerage）模式则是为购买和销售提供便利，经纪商从交易中收取一定的费用。这种模式被亿贝、淘宝和日本二手商品电商煤炉（Mercari）等企业采用。这些平台让产品的购销变得简单，很自然地吸引了大量智能手机或智能设备的用户，坐拥无限的市场。这些大型科技公司之间紧密联系，使得几乎所有人都能无缝地接触到大量的市场受众。此外，还有一类合作平台，通过向第三方服务供应商输送用户而从中收取佣金。最后，还有一种纯粹的生产引导者模式（lead generator model），即企业向其他的企业提供用户的信息。使用这类模式的企业有理想（Idealo）、智慧价格（MySmartPrice）、货币超市（Moneysupermarket）、比价网（Pricetory）、律师之家（Lawyers.com）和听力网（Yourhearing.co.uk）等。

这些商业模式及其变种仍在不断涌现中，而且都利用了网络技术并以新的方式创造价值。现在，我们将探讨为什么它们需要不同类型的会计方式和财务知识——这种会计方式和财务知识要反映出商业模式的特性与创业公司性质。

前所未有

那么，与传统的工业企业相比，科技公司有什么不同之处呢？同时，这些不同之处如何改变着你所需要的财务知识呢？10 年前，仅有一家科技公司跻身全球最具价值的六家公司之列，那就是微软。而今天，全球最具价值的六家公司中，有五家都是科技公司［道氏狗网（Dogs of the Dow，2017）］。过去的 10 年中，财务管理并没有发生太大变化，因此，毫无意外的是，科技公司创始人不得不学习旧经济下经营工业企业的会计知识，然后再将这些知识调整和应用到科技公司的场景中。科技迅猛进步的同时，商业模式也在迅速发展，然而，财务管理技术却没有跟上脚步。目前，真正能够驱动数字经济的商业过程截然不同，以教科书为基础的会计与财务知识对此几乎没有任何预见和阐述。但是，科技领域的创新却改变了科技公司的财务系统。因此，当前科技领域究竟有哪些不同之处，使得我们需要采取一种新的财务视角来管理科技创业公司呢？让我们来看一看下文所述的 5 个特征。

第一，当今的科技公司并不是在同一个屋檐下积累资源。相反，它们利用网络获取资源，并通过建立和管理网络创造价值。这些网络由生产者、消费者，以及产品、服务和信息的使用者构成。很多传统的工业企业都依赖于大批量生产，通过规模经济来创造利润。这些企业主要通过大批量采购等供给方面的手段来降低原料成本，从而以低于较小规模企业的价格出售产品。随后，它们就可以投资于更快、更灵活的技术。随着成本的下降，效率会提高，它们因此成了行业内具有盈利能力的巨头。然而，当今的很多科技公司的主要关注点转移到了需求方面。他们利用科技创新来建立和拓展网络。由于用户从网络中获得了价值，而网络本身因此进一步增长，所以网络的成长具有自我强化的机制。网络中更大规模的用户基础增加了产品需求，这反过来为网络和需求的拓展提供了动力。有时，网络与网络之间也会建立联系。当网络以这种方式呈现出多维状态时，它们就能带来更多的联系并创造更多的价值。除了科技公司的供给方面，这种对网络的聚焦还会带来其他根本性的变化。科技公司能够突破传统企业链条式的线性价值链，在这种模式下，企业需要遵循生产、销售、供应和产品消费等方面一系列的具体步骤（更详细的讨论请见参考文献帕克等，2016）。网络让联系和互动避免单一路径成为可能。

为什么这一点对你来说如此重要呢？如果企业交易因网络的多维拓展和线性路径的突破而不断增长，那么，你就没有理由使用旧的财务知识体系——毕竟其视野局限于价值创造的线性路径。在受此局限的会计体系下，联系网络的多维性没有任何意义！衡量资金流的传统方式只适用于传统企业，在这些企业中，任何事物都按照拥有唯一进口和出口的单一序列进行。在科技公司中，这类财务知识已经被证明具有相当大的局限性。你的关注焦点应当是不同路径、不同渠道和不同结构之间的互动。你希望尽快武装自己，从而在网络化的、相互联系的环境中做出快速而明智的决策。为了适当地推动你的创业公司的发展，你需要光速般敏锐的洞察力来反映科技公司中全新的基本情况。你不想因为更加适用于传统企业的财务管理方式而受到阻碍。如果你无法找到科技公司的价值源泉，你就无法对其给予有效管理。

这并不意味着你必须抛弃由来已久的会计技术和财务报表。事实上，我们将在本书中学到相当多的关于主要财务报表的知识，如资产负债表、利润表、现金流量表和现金预算表等——它们对于获取重要的财务信息都是非常有用的。同时，记账和税务流程也非常重要，你仍然需要一名会计人员来负责这些重要的事项，但这些内容不是本书关注的重点。你仅仅需要一个精简、直接而专注的财务视角，直接与科技公司的新维度相关。这里需要重点掌握的是，人们对科技公司的财务领域有了新的探索，而你需要识别出这些变化，只有这样才能支持创业公司的正确决策。

第二，科技创业公司需要不断地试验和创新。传统企业利用自身所需要的资源为特定的细分市场提供既定价值的产品，但科技公司并非如此。科技公司永远不会拥有这种确定的舒适感——尤其是公司提供的产品需要进行产品–市场匹配度（product-market fit）测试和微调的情况下。相反，你或许希望测试出经过调整的产品特性，试验带有新网站特性的科技玩具，探索在不同参与者之间建立联系，尝试差异化的定价方案，尝试移动响应的模板，制定出创新的系统性战略来增加网络流量，等等。企业的一部分试验只会产生微弱的商业影响力，而另一部分则可能导致战略层面的变化。你可能会就商业模式的一些小的方面进行试验，以观察如何将其扩展。或者，你可能会直抵某个可以推翻整个商业假设的点进行检验，并尝试提出创造价值的新假设（莱斯，2011）。因此，从财务的角度而言，你需要一些具体的方式来追踪这些活动，以此帮助你决定公司发展的过程中需要采取的行动及其时机。同样，这里最重要的是财务知识必须以一种具体的方式来帮助你控制公司，密切追踪和管理各种实验性的活动。

科技公司的第三个特征在于，它们倾向于将高成本的活动外部化。很多大型科技公司同时投资于传统资源和在线网络，如苹果、三星和特斯拉。而其他公司则仅仅投资于建立连接的技术，如字母表和百度。以优步为例，在这里司机使用自己的汽车、保险、日常维护和智能手机。产品的投入要素都是司机自己的——他们的汽车、人工、时间和资源。大部分司机还选择使用自己的智能手机，用来下载优步的手机应用。这是你可以想象的，因为作为一个平台，优步便捷地将司机和乘客连接起来。而当行程发生时，它为所有的参与者都创造了价值：为司机、乘客和优步创造直接的价值，同时为税务当局、手机网络运营商、汽车保险人等创造间接的价值。此类活动外部化让平台承担的义务比传统企业更少。就像优步不需要购买乘客乘坐的汽车，阿里巴巴不需要持有商品的存货，以及爱彼迎（Airbnb）不需要提供游客住宿的旅店。同样，微博自身也不需要创造内容。当我们把这些转换为会计术语时，它的含义是科技公司拥有极大的潜力赚取更多的利润，而无须持有有形的资源或使用高成本的人工活动。

与那些同网络联系更少的传统企业相比，科技创业公司为创造和提供方案所需的资源在水平及范围上都有所不同。考虑这一点非常重要，因为它将改变创业公司向投资人要求的资金量。除了将资源外部化，科技公司还可以使用即插即用（plug-and-play）的模式。这种模式允许它们通过使用第三方提供的产品和服务来直接创造出价值链。科技公司可以将系统“内包”［皮埃里德斯和戈斯林（Pierides and Gosling），2016］并无缝连接其他供应商的运营。例如，艾派迪（Expedia）可以同时预订航空、酒店和汽车租赁服务，并同时提供保险和签证服务。通过把不同的供应商连接起来并把这些服务变成一个为消费者提供的打包产品，艾派迪得以实现同时提供多种服务。而在线的产品与服务的实时汇总让总成本下降。这是因为虚拟的连接带来了更低的交易成本。科技公司在拓展、改变和重构价值链方面的能力，意味着它们会比传统商业领域中的企业更加有效率地获取利润。这样的企业为用户提供了广泛的选择，同时它们在随后的阶段将这些价值货币化。因此，我们需要更加具体的财务知识来理解这种机制，即在弥补了原始成本的情况下如何获取更高的回报。综上所述，资源外部化与其他供应商能力的内包，都会对创业公司的融资需求和价值的创造活动产生直接的影响。因此，你肯定希望利用会计的方式来体现这些效应，以看到这些因素对创业公司产生的影响。

科技公司的第四个特征是它们可能导致现有产业的瓦解，这意味着我们需要一种具有针对性的财务管理知识。以服务业为例，比如为旅客提供住宿服务（如 Wimdu.com 网站）或者向自行车车主租赁自行车（如 Spinlister.com 网站）。这里的假设是，当消费者进行支付时，你就可以从中获利。与共享经济（sharing economy）相关的模型尤其依赖将价值创造的新资源引入现有供应的市场当中。因此，这些企业不需要向任何尚不存在的东西进行投资。技术平台只是简单地把需要服务或产品的用户和具有潜在能力的供应者聚集到了一起，让各方都受益。像出租车、火车及其他现有的交通服务之类传统的供应者都必须投入新的资源来维持其商业模式的运行。但对于这个商业领域中的创业公司而言，现有的供应资源正在将闲置的生产能力释放出来。由于供给的增加，传统的供应者现在必须和新的供应者分享消费者的支出。这导致了整个行业的产品或服务的价格逐步降低，因为供给非常充足。因此，现在，传统供应者的优先利润被重新分配了。这些供给一部分源于拥有闲置生产能力的新供应者；另一部分则源于现在的消费者，他们在价格更低的情况下拥有了更多的选择。当然，商业平台自身也分得了一部分被创造出来的价值：北美和欧洲的消费者从网络获得了价值2 800亿美元的“免费”服务，而这些服务是存在货币或时间成本的（《经济学人》，2017）。

除了共享经济，零工经济（gig economy）也发展得非常迅速，而且二者都是基于类似的商业假设。零工经济为人们提供了一种获得临时工作和不同种类工作的方式，这种方式让他们获得的不同收入相互独立。例如Upwork.com网站将IT（信息技术）领域中正在寻找工作的人聚集起来，Care.com网站将为个人提供护理服务的人集聚到一起，Dogvacay.com网站为你提供宠物狗保姆。这些数字平台的机会在从高技术与高薪人才向低技术与低薪人员扩散，同时也面向本国的或跨国的人员。因此，零工经济因提供新的工作机会而有巨大的潜力。

该领域的创业公司所搜集的数据也创造价值。这些数据在识别新的工作趋势和需求方面非常有用，同时可以被用于将服务拓展至多个领域的新方式中（例如，将交通运输平台拓展到包裹投递和食物配送服务等）。有人曾经指出，这些活动对社会产生的效应并不总是积极的。优步将希望享受乘车服务的人和希望提供有偿驾车服务的人连接在一起，但也面临着来自监管者的不满。然而，这也促进了创业公司的生态系统：为了突破监管障碍，对优步的商业模式进行微小的变通让很多创业公司最终成功启动。例如，法国拼车公司BlaBlaCar开发了一种技术平台，克利福德（Clifford，2015）认为，该平台“将前往相同目的地的司机和乘客连接在了一起，同时，让乘客向司机支付足以覆盖合理费用（如燃油费和车辆的损耗）的金额。拼车平台并没有让司机从乘客身上获利。BlaBlaCar公司通过收取交易费用赢利，金额约为一次出行成本的10%”。因此，我们可以看到共享经济或零工经济有助于利用闲置的生产力，在为供应者创造更多机会的同时，也为用户带来更具差异化的、成本更低的市场，并对新的商业模式予以支持。该领域的科技创业公司需要利用财务监控工具和财务指标来评估网络的发展状况，评估消费者和供应者之间的连接从哪些方面影响成本并创造利润。科技商业模式可以拓展行业的产能，并通过市场中大量的参与者来推动现金利润的重组。以具有财务洞察力的方式理解这些模式的内在机制，对任何一位科技创业者来说都非常关键。

让财务知识与众不同的第五个方面在于，科技公司需要的是搜集数据的能力。当然，所有的企业都会搜集数据，把数据转化为可用的信息，以支持为企业创造更多价值的优化决策。在日常经营中，所有的企业都会使用会计信息和更多连续的策略变更来进行决策。它们可以获得很多数据，例如产品销售额、消费者购买额、促销的影响和现金流等，并将其作为自身的一种价值来源。

其实，企业搜集的用户信息可以为分析消费者的行为、偏好和爱好提供有用的建议。这为企业经济价值的进一步增长提供了途径（《经济学人》，2016）。然而，大量科技公司还拥有更丰富的数据来源，包括能够反映人与人之间、人与物之间连接和交换的信息渠道。这些信息可以从产品传感器和身份标签中获得，比如从日益增长的物联网经济中获得。此外，一些科技公司不仅增加了人与物之间的数据流和连接，还提升了物与物之间的连接。这一点是传统经济无法企及的。不仅如此，消费者获得的产品和服务可以支持企业增长，同时，数据本身也能为这些企业提供强劲的业务拓展潜力。

大数据的搜集和分析可以为我们提供从传统信息中无法获取的预测性的见解。在传统意义上，反映企业状况的会计信息都是基于历史数据，即已经发生的销售、支付和购买等交易的历史记录。但是，在真实的交易发生之前从宏观层面获取数据，让所有的企业具备了获取更多预测性交易信息而非历史交易数据的能力，尤其是那些使用了数字平台的企业。使用这类数据的能力也是科技公司吸引投资者的地方。因此，开展会计工作以评估这些数据导向型的见解变得意义重大，同时，还有必要开展传统企业所不需要的财务分析。

所以，相比传统的工业企业，科技公司需要有区别地对待财务管理和会计信息，我们列举了为什么要这样做的一些合理原因。我们将会看到，你将通过贯穿本书的更加精益的财务管理视角考察创业公司的商业假设和发展进程。这样可以让你在不用学习更多的核心会计知识的条件下，加快创业公司的价值创造，并且不论如何，对于科技创业公司来说，传统核心会计知识将越来越狭隘。利用精益的、以科技为核心的财务管理方式来发展创业公司的旅程即将开始。

本章小结

我们回顾了：

- 为什么科技创业公司需要应用新的财务管理知识；
- 为什么科技创造了新的商业模式；
- 为什么需要一种不同的财务知识；
- 为什么精益的财务管理对于助力创业公司发展十分关键。

复习思考题

1. 为什么新的工业革命为科技创业提供了如此多的机遇？
2. 为什么财务管理对于企业的管理而言很重要？
3. 你的创业公司是基于哪一种商业模式来创造价值？

4. 为什么当今的科技创业公司所需要的财务管理必备知识有所不同？
5. 如果要实现这些目标，你的创业公司的财务管理流程中哪些方面需要做出改变？

延伸阅读

Afuah, A and Tucci, CL (2001) *Internet Business Models and Strategies*, McGraw Hill, New York.

Brynjolfsson, E and McAfee, A (2016) *The Second Machine Age: Work, progress, and prosperity in a time of brilliant technologies*, WW Norton & Company, New York.

EFI Report (2016) Business models of the digital economy, available from www. e-fi. de/fileadmin/Chapter_ 2016/2016 _ B3 _ EN. pdf [accessed 21. 3. 17] .

Rifkin, J (2015) *The Zero Marginal Cost Society: The internet of things, the collaborative commons, and the eclipse of capitalism*, Palgrave Macmillan, New York.

Rogers, DL (2016) *The Digital Transformation Playbook: Rethink yourbusiness for the digital age*, Columbia University Press, New York.

Schwab, K (2016) *The Fourth Industrial Revolution*, World Economic Forum, Geneva, Switzerland.

参考文献

ACCA (2016) NI entrepreneurs are missing vital financial skills to ensure the success of their business, available from www. accaglobal. com/uk/en/news/2016/july/ni-entrepreneurs-missing-vital-skills. html [accessed 21. 3. 17]

Cheston, S (2016) The business of financial inclusion: Insights from banks in emerging markets, Institute of International Finance, available from http://www. centerforfinancialinclusion. org/storage/documents/IIF_CFI_Report_FINAL. pdf [accessed 21. 3. 17]

Clifford, C (2015) How BlaBlaCar is different from Uber, 8 September 2015, available at www.entrepreneur.com/article/250420 [accessed 21. 3. 17]

Dogs of the Dow (2017) Largest companies by market cap today, available at dogsofthedow. com/largest-companies-by-market-cap.htm [accessed 21. 3. 17]

Economist (2016) The rise of the superstars (Special Report), 17 September 2016, available from www. economist. com/sites/default/files/20160917_companies. pdf [accessed 21. 3. 17]

Economist (2017) Start-ups in the Arab world, 14 January 2017, available from www. economist. com/news/middle-east-and-africa/21714335-arab-entrepreneurs-could-help-many-regions-problems-too-many[accessed 21. 3. 17]

European Union (2016) Europe's next leaders: the Start-up and Scale-up Initiative, available from https://ec. europa. eu/transparency/regdoc/rep/1/2016/EN/COM-2016-733-F1-EN-MAIN. PDF [accessed 21. 3. 17]

FundersClub (2017) Startup Business Model Examples, available at fundersclub. com/learn/guides/exploring-the-tech-startup-space/businessmodel-examples/ [accessed 21. 3. 17]

Imorphosis (2016) 9 Genuine reasons for failed startups in India, available from imorphosis. com/reasons-failed-startups-in-india/ [accessed 21. 3. 17]

Liu, MB (2016) A Study of the Market Failure in the Financing of High-Tech SMEs and the Governmental Intervention, *Open Journal of Social Sciences*, 4, 163-69, available from dx. doi. org/10. 4236/jss. 2016. 43022 [accessed 21. 3. 17]

Moazed, A and Johnson, NL (2016) *Modern Monopolies: What it takes to dominate the 21st century economy*, St Martin's Press, New York

Parker, G, Van Alstyne, M and Choudary, SP (2016) *Platform Revolution: How networked markets are transforming the economy - and how to make them work for you*, WW Norton & Company, New York

Pierides, M and Gosling, C (2016) IT Insourcing: What do you need to know?, available from www. itproportal. com/2016/07/28/it-insourcing-what-do-you-need-to-know/ [accessed 21. 3. 17]

Rahman, NA, Yaacob, Z and Radzi, RM (2016) The Challenges Among Malaysian SMEs: A theoretical perspective, *World Journal of Social Sciences*, 6, 3, pp 124-32

Ries, E (2011) *The Lean Startup: How today's entrepreneurs use continuous innovation to create radically successful businesses*, Crown Business, New York

Swan, D (2015) Australian start-ups failing financial literacy test, available from www. theaustralian. com. au/business/business-spectator/australian-start-ups-failing-financial-literacy-test/news-story/b8c471ff3143b41821293efd1dc82433 [accessed 21. 3. 17]

Titus, S (2017) Key reasons why small businesses fail, available from www. summitbusinesssolutions. ws/docs/reasons_biz_fail. pdf [accessed 21. 3. 17]

第二章

科技创业公司：一个全新的世界

信息连续反馈循环的概念
为什么科技公司的创始人需要成为反向投资策略师
成本效应和数量效应的关键衡量维度
创造科技价值的新方式
为什么风险-收益因素影响融资策略和财务管理

科技创业公司不同于传统的工业企业，因此，对科技公司的财务管理，我们也需要一种截然不同的思维方式。本书正是基于这个思路展开的。但是，管理科技创业公司有哪些不同之处呢？在本章，我们将探讨20世纪引导企业高效运转的核心思想，以及公司成长战略背后的思维方式。然而，科技创业公司在一个完全不同的世界运行，以不同的方式创造和传递价值：这改变了一切。我们将看到，为何将传统的管理智慧应用到创业公司中反而可能阻碍其取得成功，同时，我们会从中学到：用传统的视角来看待科技公司会起反作用。然后，我们将讨论，企业融资最基本的假设，即风险-收益动态，在科技公司中有何不同。在本章的结尾，你将了解为何科技公司的情况有所不同，并且开始着手对公司的财务方面进行探索，找出在发展公司的目标下你愿意做的事情。因此，本章将考察以下方面：

- 信息连续反馈循环的概念；
- 为什么科技公司的创始人需要成为反向投资策略师；
- 成本效应和数量效应的关键衡量维度；
- 创造科技价值的新方式；
- 为什么风险-收益因素影响融资策略和财务管理。

科技领域的成长

过去的40年中，大多数公司都依赖确定的商业模式来管理成长过程中的机遇和波动。如果我们将这些旧模式应用到新的创业公司中，它们或许会有所帮助，但是不会以我们期望的方式进行。通过考察旧范式下的缺陷，我们将更好地理解未来需要的新方法！如果你想要创立一家传统的企业，你就需要密切关注产品或服务所在的市场并考虑相关的成本。你需要评估竞争、供应链和对商业机遇产生影响的其他因素，需要思考如何增加价值。你最好是比其他供应商都做得好，考虑产品的替代性，并清楚地了解自身面临的风险与挑战。当然，你还需要考察创立公司需要的资金数量。这些工作可能需要一个商业计划，核查所需的资源并向潜在的投资人提供部分可靠的现金流入与流出的预算。

总的来说，你需要跟随行业内的每一家新公司所走过的每一步。一旦公司成立并开始运营，你就会获得消费者购买和支出方面的信息。如果发现了新的问题或新的机遇，你需要做出响应，而响应的方式不仅要让投资者受益，也要让管理者认为合理。这意味着你需要不断尝试和测试新公司运营的方式，让这种方式在具有可行性的同时不断扩大和实现利润，并且能够以相同的方式重复应用。而你也要适应，一方面依靠有经验的管理人员所具备的知识，另一方面依靠自己对行业内其他企业的案例研究所进行的考察。因此，传统的创业公司可能会保持传统的管理方式，因为这些方式是有用的。

然而，科技创业公司完全不同。传统小型公司线性的管理逻辑并不能很好地适用于科技创业公司。正如我们在第一章所看到的，科技公司，尤其是以平台为中心的科技公司，并不认可传统的、聚焦于价值链的工业企业——在生产、销售、供应和消费活动中遵循单一维度路径的线性程序。科技创业公司更倾向于由各自拥有专业技能的团队创立。作为创始人，你需要在企业创立的初始阶段以不同的方式测试市场。在没有可行的创意或确定市场的条件下，为了让企业运行，你希望以非常低的成本来获取特定的服务，以满足企业的运营需求。你或许需要寻找一些开源式的软件和即付即用的服务。这些服务在初始阶段价格非常便宜，你唯一需要做的就是利用有限的资源来试验你的产品设想，并测试它的吸引力。你可以使用云计算服务［或许是通过亚马逊的网页服务（Amazon Web Services，缩写为 AWS）］、微软云（Microsoft Azure）或谷歌云（Google Cloud））来获取无限的计算能力和存储空间，而无须对自身的 IT 部门进行过多的规划和初始投资。由于为使用者提供了虚拟主机共享的可能性、数据中心架构和系统支持，而这些内容正是让企业能够启动和成长的基本构成单元，因此云计算服务十分具有吸引力。一些成功的创业公司，如声破天、音乐雷达（Shazam）和海铑机电（Hailo）就是以这样的方式开始的。当它们发展起来之后，其他企业则建立了自己的数据中心来服务更为具体的需求。不同于传统企业，科技公司在一个持续的反馈循环（continuous feedback loop）中运行，在这个循环中，控制、行动和决策交织在一起。持续的试验对于推动创业公司的发展非常关键。你需要一种对新信息做出反馈的机制来确保创业公司在正确的道路上前进。这些信息可以让你知道在什么时候应当对正在进行的试验做出微调，同时也该让你知道什么时候做出重大改变和转向（pivot）（莱斯，2011）。整体商业计划基于商业设想而被制订，但有时候，这些改变意味着需要重新修订你的商业设想。

创业公司将开发一种产品并且在消费者身上进行测试，甚至向消费者支付费用让他们来体验。通过这种方式，你可以构建起不同的结构，调整和调适产品，以便更好地满足或真正创造出用户需求。当获得了产品和消费者使用体验的相关信息后，你就要对其进行分析。然后，从中得到的知识就可以转化为对产品的进一步开发，直到获取了一定程度的产品-市场参与度（product-market engagement）。如果你发现了创业公司可以成功扩大规模的信号并正在成为更强大的市场力量，你就需要资金了。并且，你可能需要非常迅速地获得资金，情况取决于市场的机遇和你的产品在如何改变或创造用户需求。如果你的企业是以突破那些满足消费者需求的常规模式为基础，那么目前正在发挥作用的变量就需要不一样的财务分析。像这样具有突破性的创业公司可能创造出一系列从未出现过的连锁反应，因此，你不能用过去的经验来进行对比。事实上，你所使用的通常的序贯的、线性的逻辑本质上是科技创业公司所排斥的。

不仅是科技创业公司内部的管理决策制定需要不同的财务管理工具。由新技术驱动的力量也触发了大量不同的结果和参数。这些与消费者之间及消费者和产品之间的联系相关。其中可能需要考虑市场创造、规模、地理位置和转换等问题，它们将改变创业公司财务管理的整个基础。因此，你也必须以不同的方式思考背后的管理策略。我们将在第三章看到，科技公司的成本结构不同于其他公司，科技公司必须考虑成本的行为方式；否则，科技公司将错失来自创业公司连续信息反馈循环的重要线索，进而导致错过行动周期。即便如此，现在也应当记住，传统的公司思维仍然值得考虑。它告诉我们为什么应当以不同的方式应对创业面临的挑战，同时也可以作为观察科技公司的一个视角。

成为明星企业

让我们从大部分成功企业曾使用过的一种分析工具——市场增长率-市场份额矩阵（growth share matrix）开始，该工具不断地被人们修正。这个矩阵最早由波士顿咨询公司（Boston Consulting Group）的创始人布鲁斯·亨德森（Bruce Henderson，1970）提出。对于布鲁斯·亨德森，正像《金融时报》（*Financial Times*）曾提到的那样："20 世纪下半叶的全球商界中，几乎没有人拥有像他那样大的影响力。"这个矩阵将市场增长率和相对市场份额作为影响企业产品或业务单元的两个维度，它有助于我们分析如何利用有限的资源。这个矩阵如图 2–1 所示。

		市场份额	
		高	低
市场增长率	高	明星	野猫
	低	现金牛	瘦狗

图 2–1　市场增长率–市场份额矩阵

资料来源：改编自亨德森（1970）。

矩阵显示，"瘦狗"处于市场份额和市场增长率都相对较低的位置。它们可能是真正应当放弃的亏损产品，除非我们确定能够重新认识这些产品的价值或者重塑它们的市场形象。常见的处理办法是消除"瘦狗"。"野猫"（也被称为"问号"或"问题儿童"）产品可能极具创新性，也位于高市场增长率的区域。但是，这类产品如果想要获得较大的市场份额并最终获得较高的回报，就需要大量的投资。我们需要就野猫产品是否值得投资的重大问题进行决策。它可能需要现金资源，存在较高的风险，但最终可能并不能赢利。"明星"产品处于市场份额和市场增长率都相对较高的位置，这些产品需要在广告、推广和升级方面进行持续投资，以保持市场吸引力。当我们预期这类产品的市场增长率进一步提高时，企业将从该象限的其他企业身上获得强大的竞争力。

然而，真正的现金流制造者是位于高相对市场份额/低市场增长率象限的“现金牛”。由于市场份额比较高，任何新的竞争者都会受到压制，因此它们能够为企业带来大量的现金。它们发现，要抵抗已经具有品牌认可度和生产效率的市场领导者的吸引力十分困难。同时，因为市场增长的速度正在放缓，所以新的竞争者在市场中已经没有突破口可以进入。因此，这些产品拥有较高的客户保留度、较低的成本和较强的盈利能力。但是，如果它们所在的市场已经非常成熟，它们就有可能被替代。这种情况可能在产品创新的过程中出现，或者仅仅是因为消费者不再有需求或需求可以由其他的产品方案满足。市场增长率–相对市场份额矩阵在产品多元化的企业中非常流行，它们利用这个矩阵来决定如何分配资源。那么，科技创业公司可以利用这个矩阵来做什么呢？

我们可以将创业公司看作众多的天使投资人和风险资本家进行的一项投资，或者将其作为大型企业内部的商业投资组合。一部分创业公司在早期阶段处于低相对市场份额/低市场增长率的位置，实际上属于“瘦狗”象限。但未来，它们所提供的产品却在市场份额和市场增长率方面大有前途。在传统的行业背景下，投资者通常应当放弃“瘦狗”型企业，但我们并不清楚是否应当以同样方式来对待创业公司。事实上，如果这一概念对可能出现的需求显示出微弱但积极的信号，那么向位于这一象限的创业公司投入资源以支持自身的发展或许是更好的选择。例如，对于小行星采矿业、无人机运送系统及太空旅游业就是这样的情况。很多创业公司最初都以向用户展示某种形式的价值观开始，到用户接受这些价值观时，公司才开始成长。这种类型的公司还能孵化出其他的创业公司，其中一部分得以发展壮大，另一部分保持着较小规模但能够生存。一个恰当的例子就是脸书网，其活跃用户约占全球人口的四分之一。现在，安卓和苹果用户可以在超过200 万的应用中进行选择，但苹果的应用商店最初却只有来自第三方开发商的约500 个应用。因此，就像社交网络和手机软件市场那样，一家科技创业公司可能最初会以创造一种新的价值观开始。它们实际上在某个阶段属于“瘦狗”型企业，即市场份额和增长率都非常低，但是它们会不断成长，在自己创造的市场中挖掘市场份额。此时，不同于传统市场，对瘦狗型企业进行投资才是正确之举。

很多科技公司都将位于矩阵中低市场份额/高市场增长率的“野猫”象限。它们将会在一个现有的市场领域做出突破性的创新，或是吸引对此表示认可的客户。但是，这些选择将在很大概率上取决于它们的产品在多长时间内具有吸引力，以及投资应当支持的程度。虽然这样的“野猫”产品计划可能会获得利润并迅速成长，但仍然隐含着较高的不确定性和风险。它们的资金需求非常大，但一旦成功，获得的回报也非常高。只有偏好风险的投资者才会偏好这样的公司。

“明星”是已经在高增长率的市场中具有高市场份额的产品概念。为了在竞争如此激烈的市场中保持高速增长，科技公司需要更多的资金支持。科技领域的明星企业即使没有盈利，也会为投资者创造较高的价值。明星企业不会寻求早期阶段的资本注入，甚至不会出现在早期的若干轮融资中。比起帮助启动新企业，投资人更希望将大量的资金用于规模升级（scaling up）。对他们而言，这样做的风险更低，因为这种产品概念已经被充分证明并得到认可。此阶段进入的投资者享有的股权比在更早阶段进入且承担了更大风险的投资者要少。可以证明，创业公司的最终梦想是成为明星型企业，而不是像传统企业那样期望成为现金牛。这是因为创业公司需要持续地创新，驱动市场扩张和自身市场份额的增长。即使不考虑所占据的市场份额的多少，较低的市场增长率本身就不是科技创业公司所期望的。因此，市场增长率-市场份额矩阵显示，科技创业公司可能在一开始是瘦狗型或野猫型企业，但期望通过不断取得成功而成为明星型企业，尽管这需要持续不断的引导。正是如此，市场增长率-市场份额矩阵为我们提供了切实有用的指南，告诉我们科技创业公司应当追求什么，而它们的追求并不符合传统公司战略的经验。这个矩阵引导我们向密切关注市场份额和市场增长率的企业家路径发展，朝着明星企业而不是现金牛企业的目标前进。

接下来，则是考察产品的生命周期。图 2-2 描绘了传统产品的成长阶段，在这一阶段，销售量增加且市场不断扩大。在产品发布之后，如果产品的市场在增长，那么它将面临更加激烈的竞争，竞争力较弱的企业会被逐出市场，直到市场达到一种成熟的状态。此时，只有少数的主要参与者仍然屹立于市场，它们各自都占有较大的市场份额。当产品的市场需求开始下降时，市场增长率也会开始下降。

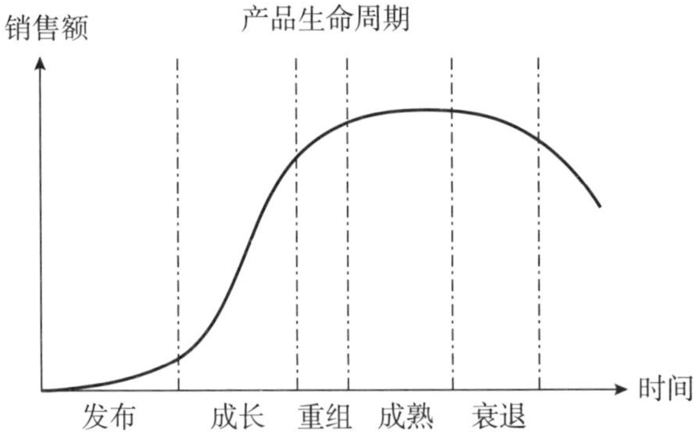

图 2-2　产品的生命周期

对于传统的工业产品，市场增长率-市场份额矩阵告诉我们，如果野猫型企业获得了资金和市场份额，它就会成为明星型企业。经历了激烈的竞争之后，仅有少数的企业会成为明星型企业，而一部分企业会转变为现金牛企业。当产品进入成熟阶段的末期，另一项替代性的创新会将其取代。一旦市场增长率和市场份额同时下降，产品将会变成“瘦狗”，并面临着完全被清除出市场的危险。图 2–3 描述了产品从一个周期到另一个周期的转变路径。

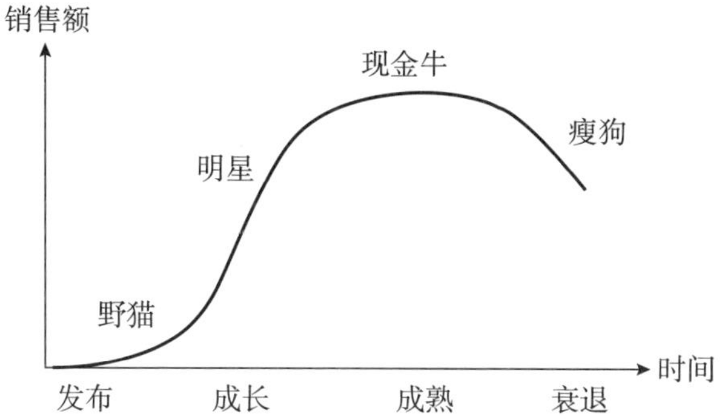

图 2–3　传统产品在市场增长率 – 市场份额矩阵中的转变

科技产品却遵循着不同的路径。正如我们所看到的，瘦狗型或野猫型企业可能会因为期望变成明星而寻求资金支持。但在理想的状况下，科技产品最终不会变成现金牛，原因在于高市场份额将进一步激发市场的增长。因此，一家成功的创业公司应该保持在明星象限——享受高市场份额的同时利用市场惯性创造进一步的市场增长。图 2–4 描绘了这种改进的产品生命周期路径。发布成功的瘦狗型或野猫型企业可能产生利润或创造价值。无论是哪种结果，都意味着它将成为一个明星企业。随后，它会升级产品并发布新版本的产品，因此该创业公司将保持着明星企业的地位。企业所占的市场份额会增长，市场本身也随之扩大，从而进一步支持企业的市场份额的增长。利润也会随着每一次新产品的发布而增加。如果有一部分利润转化为现金流，创业公司就可以利用这些资金来支持部分业务活动。但更可能出现的情况是，创业公司所创造的价值会吸引更多的资金，其业务规模会扩大。

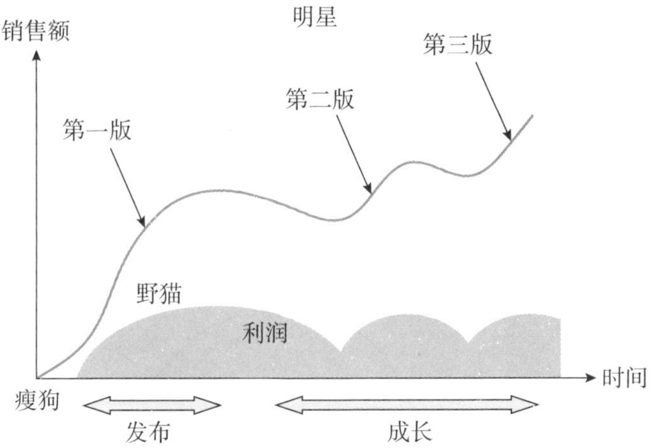

图 2-4　科技产品在市场增长率-市场份额矩阵中的转变

讲讲战略

让我们来看看迈克尔·波特（Michael Porter，1979，1980，1985，2001）的“五力模型”。波特被公认为公司战略之父。他的模型帮助了整整一代商业人士理解公司在行业内的竞争力如何影响自身的利润。波特的“五力”包括：

- 现有竞争者的数量和能力；
- 客户寻求产品替代品的能力；
- 潜在竞争者进入的能力；
- 供应商的讨价还价能力；
- 购买者的讨价还价能力。

波特还提出了企业可以获得超额利润的三种基本战略：第一种，一部分企业通过降低成本从而以更低的价格向消费者提供商品来获得成本领先（cost leadership）的地位；第二种，一部分企业使用差异化（differentiation）的方式，利用某种独特的产品来获取市场份额，消费者对这种产品非常认可并愿意为其支付额外的费用；第三种，一部分企业没有采用上述两种方式，而是采取聚焦化（focus）的战略，在其他竞争者无法进入的有利可图的市场中提供服务。如果一家企业不能很好地实施总成本领先战略或差异化战略，它最多只能获得市场的平均利润，但更可能的是它将无法生存。如图 2–5 所示的成本领先–差异化矩阵展示了上述的各种情形。

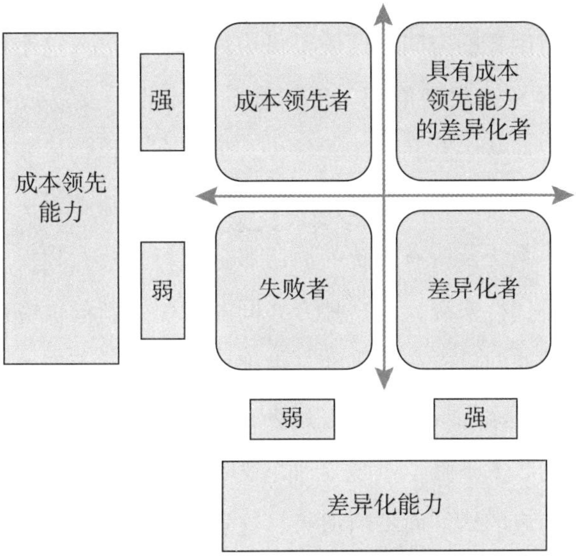

图 2–5　成本领先–差异化矩阵

波特认为，这五种力量需要按照企业自身的情况进行平衡，才能为企业带来最强的竞争力。随后，你既可以采取成本领先战略，也可以采取差异化战略，它们都可以让企业脱颖而出。但作为一家科技创业公司的创始人，你应当做得更好，途径包括：寻找突破束缚的方法，利用相互的联系创造价值，以及整合单一价值链的不同方面。五力模型显示，一家科技创业公司不应当尝试限制竞争者或消费者溢价能力下降的程度；相反，企业可以寻求不同的方式来创造价值。例如，亚马逊这样的网络零售商就赋予消费者从第三方卖家选择商品的权利（亚马逊从这些交易中获得佣金和相关的商业活动知识）。科技公司可以通过打破商业模式来重新分配价值，也可以通过更低的定价将一部分价值归还给消费者，同时保留企业内部创造的价值。

以爱彼迎对旅行住宿的影响为例。正如在第一章中所提出的，爱彼迎是一个“共享经济”的科技行业领跑者，让私人房产的所有者有机会出租任何闲置的空间。这使得供应商很容易进入这个市场，而旅行的人也很容易搜索到他们。爱彼迎的技术也使交易成本降低，因此，尽管爱彼迎从中获利可能非常少，但薄利多销仍可获得利润。爱彼迎并没有尝试与其他酒店进行竞争，因为那意味着对房地产、室内供应品、服务系统及所有传统的酒店服务进行投资；相反，它寻找到已有空间的替代性来源，而这种方式同时吸引了新的供应商和传统的供应商。爱彼迎向供应商提供的自由度也非常极致而新颖：提供住宿的房主可以随时添加或移除供应列表。在很多全球性的大城市，爱彼迎使酒店业的收入下降了10%，而它为消费者和自身所创造的价值却随着供应商列表的增加而不断增长。这意味着酒店业仍面临着过去的那些成本，而业务的减少无法覆盖这些成本。传统酒店的利润和价值都在下降。爱彼迎所创造的利润源于消费者成本的减少，这是对酒店利润收入的再分配，其获得的收入部分回到了消费者和爱彼迎手中。它同时也带来了市场的增长，因为旅行者开始更多地使用这种住宿服务，而不仅仅是以一种住宿服务替代另一种。当然，爱彼迎在技术平台维护方面的成本非常高，这是一种价值增长的商业模式。在这个崭新的、以科技为中心的商业领域，它拔得头筹，因而建立了很强的市场影响力。投资者对爱彼迎的估值比全球第二大酒店集团的估值还要高3倍（约翰逊，2017）。

优步的影响与爱彼迎非常类似。它们所采用的科技手段创造了灵活性，并使得价值从传统的出租车公司和小型租车企业中分散并重新分配。与这些企业不同的是，在优步的技术支持下，它们让司机使用自己的汽车为消费者提供可选的出行工具。与传统的出租车呼叫分配系统相比，像优步这样的技术支持平台提供了很多优势和更低的价格，而这反过来又增加了让具备必要技能的人员充当可供出租的司机的需求，潜在地提高了拥有这些技能的人们的收入［霍尔（Hall），2015］。并不是每个人都只看到它的优点：一些人担忧共享经济中出现的新的独立工作者所带来的成本［古丁（Goudin），2016；汉考克（Hancock），2014］，而另一部分人则担心共享经济的所有好处不会在更大的经济区域中共享［记者资源网（Journalist's Resource），2017］。但是，非常明确的是，对于创业公司而言，科技是突破传统商业模式的关键。这不仅仅是因为科技本身的力量，还源于科技的可获得性和普及性。当科技公司投资于网络平台的开发来实现点对点交易时，消费者和供应商也会对科技进行投资，并在自己的设备上使用。因此，即使商业模式依赖于科技，创业公司也不需要承担搭建科技平台的全部成本。这与传统企业形成了鲜明对比，它们需要自行承担企业所有的供应成本。根据波特的五力模型，供应商和消费者为科技公司提供了节约成本的便利，让他们获得科技成果的所有权。我们将在第五章看到，当科技公司开始赢利时，它们获得的回报将非常高。

欧拉租车（Ola）、滴滴出行和优步是非常大的平台，而按需租赁平台（Grabonrent）、寻觅（Seekmi）和租游列国（Rent-a-Suitcase）也正在共享经济中兴起。如何建立信任呢？它们拥有先进的用户评级系统，获得了消费者的信任，而包括酒店业在内的多个传统行业的企业却必须通过投资于品牌和培训来达到同样的效果。爱彼迎和旅行集结地（Travelmob）通过允许供应商更加灵活地工作而创造了更多价值，这种灵活是就工作时间和提供服务的时间而言的。它们的科技所创造的市场生态系统摆脱了大量传统市场参与者所面临的成本。因此，在图 2–5 中，一家科技创业公司并不仅仅因为提供了有别于其他传统企业的服务或产品的创新而成功，它的成功还部分地归因于成本领先战略——归因于消费者和供应商使用其技术的方式。也就是说，它处于右上角的象限。在工业经济中，这并不会受到赏识，因为较大的产量和大规模的营销与创造超额利润的成本领先战略相关。如果一家企业采取了差异化战略，对某种特定的产品制定较高的价格，那么其目标可能是规模更小的消费者基础。对一家科技创业公司而言，大规模定制与创新及差异化战略共同创造新的可能性，它既可以是成本领先者（cost leader），也可以是差异化者（differentiator）。

应始终追求高利润/高销量吗

我们已经看到，如果要有效地应用到科技创业公司的环境下，市场增长率–市场份额矩阵和波特的模型都需要进行重大的改变。对于现在的我们，其原始形式的价值仅在于告诉我们不要做什么。然而，客户销售量和利润的情况如何呢？如果你销售的每一种产品都能获得丰厚的而不是微薄的利润，那么销售量增加，总利润也会增加，这是常识。因此，任何一家企业都应当让产品尽可能地赢利，并且销售得越多越好。在图 2–6 中，位于右上角的象限 A 才是企业希望进入的区域——拥有较高的销售量且每次销售的利润很高。B 象限的产品的单位盈利能力很强，但想要获得更高的利润还需要更大的销量。C 象限的产品的单位利润很低，甚至是亏损的，因此是问题最大的，该区域的产品需要设法提升到盈利水平线以上。D 产品或许也处于亏损状态，但仅以较小的数量在销售。

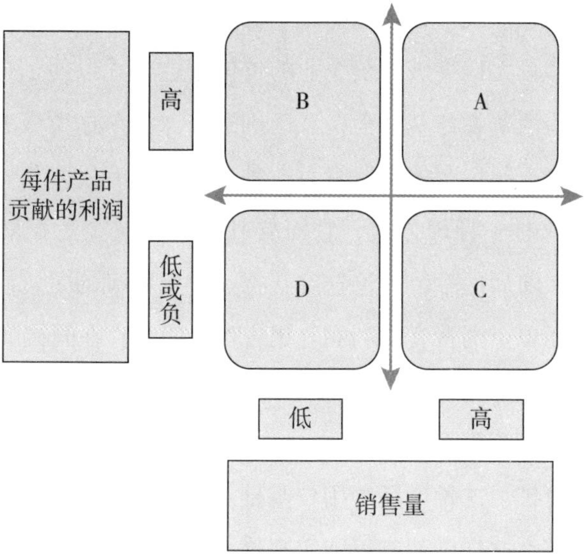

图 2-6　单位利润与销售量

对于科技创业公司，我们需要考虑这样一些问题。首先，我们应当去了解真正在使用公司产品的人。他们直接为产品而来的吗？还是只是被某些消费者吸引而来的？使用谷歌搜索的人不需要付费：广告商才是谷歌的消费者，它们为谷歌创造收入。大全新闻网（Newsmax）也是如此。这家网站拥有在平台进行消费的用户，但真正的消费者是广告商和购买用户数据的企业。因此，从某种程度上讲，用户就是产品，因为用户代表着广告商为之进行支付的关注的眼球。谷歌希望用户进行大量的搜索，这样，在将产品传递给消费者（广告商）之前，谷歌的成本非常低。与此类似，大全新闻网也同样承担着将广告传递给恰当类型用户以及将数据传递给付费用户的任务。如果用户就是产品，那么谷歌和大全新闻网的目标就是象限 C 而不是象限 A。基于这样的事实，它们和所有的商业企业一样，最终需要的是基数很大的购买产品的用户，并从中获取利润。

这实际上意味着对它们而言，所使用的资源和利润的来源之间并没有直接的联系。同样，它们的成本也并不与销售量直接相关。科技创业公司能够较大地突破传统企业的价值创造模式以便创造出新的标准，并让这些消费者与其他消费者区别开来。如果你所服务的用户就是产品，而为产品付费的消费者对这种产品并没有发言权，你的企业就需要不同的财务管理方式，它需要基于与传统企业截然不同的假设。我们将在随后的章节讨论这些数据。非常明确的是，用户的数量非常重要，而单个消费者的利润与销售量之间仅存在间接的联系。

第二个影响部分创业公司的要点在于，产品之间的联系很重要。就像我们在谷歌所看到的，如果人们正在使用的产出正是你的产品，那么你就需要扩大这种产品的用户基础。如果产品能够从相互联系中获得价值，那么这样做就有可能实现这一目的。我们把这种情形称为企业具有网络效应（network effect）。例如，全球领先的旅游网站猫途鹰（TripAdvisor）就随着用户的增加获得了更多的价值。一旦有了内容，它就能够吸引该内容的消费者，而消费者也会对内容有所贡献。这样一来，它吸引了越来越多的用户，因此，消费者成了内容的生产者，而这进一步激发了更多的用户参与。每个用户获得的价值越大，网络的规模就成长得越快。任何一家具有类似网络效应的科技创业公司都应当迅速地扩大用户基数，因为基数的增长伴随着隐含的价值增加。就是这样，谷歌搜索的质量伴随着更多用户进行搜索而提升，因为过去的搜索所提供的信息会反馈到算法中，以此提升未来的产品质量。同样，如果阿里巴巴有更多的用户（商家），也会很自然地吸引大量的用户（买家），而随着买家数量的增加，会吸引更多的商家。招聘网站 Indeed.com 因为职位广告商（即职位发布者）的增加吸引了更多找工作的人，而这又进一步促进职位广告商的数量增加。与我们前述的观点一致，由于更多的用户可以带来更多的服务供应商，因此，用户的数量非常重要。

当所有位于这一领域的市场竞争者都认识到网络的力量后，“做大做强”（get big fast）的竞争就会迅速激烈起来了。拥有较多用户但消费者规模较小的平台无法获得收入，更不用说赢利了。为了吸引消费者，拥有更多的用户非常关键。如果现有用户推动了用户的增加，就像猫途鹰那样，那么用户基数就可以成为规模成长的工具。你将吸引更多的消费者，他们将最终推动企业的成长、价值创造和赢利能力。这一“第22条军规”（Catch 22）的含义是，消费者的缺乏意味着用于推广的资金及旨在促进用户成长的技术改造资金的缺乏，而二者都耗资巨大。如果没有较高的用户增长率，消费者就无论如何也不会被企业所吸引。因此，你需要用较高的用户增长率来推动较高的消费者增长率，而消费者的增长率反过来又会促进用户的增长率。

但是，如果创业公司无法足够迅速地同时吸引用户和消费者，这样的成长螺旋也可能是向下的，但以同样的逻辑，它也可能是向上的。一旦达到了这样的临界值，用户的增长可以推动消费者的快速增长，反之亦然。对于显示出网络效应的科技创业公司而言，开启向上的螺旋非常重要。在没有资金的情况下启动向上螺旋很困难。然而，正如我们将在第七章所看到的，投资者有时只会寻找那些具有高速增长潜力的创业公司，这些企业有望实现快速成长，并且这种成长是企业可以通过网络效应实现的。

我们已经提到过，达到产品用户的临界数量将激发更多的用户数量增长，而用户数量规模继续扩大会带来极速的价值成长。值得注意的是，当一家公司向用户提供一项服务时，也会相应地增加成本。也就是说，当公司的用户增长时，成本也会以同样的速率增加。但是，在达到一定程度之后，用户可以从其他加入平台的用户身上获得价值，这时，价值会以更快的速度增长。如果想要达到这样的临界点，就需要从成本核算机制角度进行仔细思考，我们随后将对此进行解释。其中的奥秘在于理解这样一点：成本的增长是线性的，而价值却呈现出指数级的扩张！

科技创业公司应当考虑的第三个特征是人们喜欢熟悉的事物。通过利用特定的标准、交互模式或轻松的可操作性为用户带来舒适感，技术往往倾向于让用户更加抗拒改变。黑莓手机（Blackberry）过去十年的衰落就是例子，当年，全球范围内每五个使用智能手机的人就有一人使用黑莓手机；而现在，每一千个人中仅有一人使用这种手机。最终，黑莓手机的母公司完全放弃了手机的生产。但是，很多用户对黑莓手机表示惋惜，认为它在物理键盘、不容易被游戏分心、敏捷的邮件系统及流畅的操作系统方面具有优势。标准一旦建立，就会让消费者回头。他们忠诚的原因在于系统的黏性。改变基于网页的邮件系统成本很高，因为这意味着用户必须学会一种新的方式并更新所有的联系人。微软 Windows（视窗）系统的用户就被深度锁定（lock-in）了，因为他们也同时进入了一个应用的生态系统。切换到其他平台成了一种困难的抉择。但一些公司会建立起新的标准来取代其他的市场参与者。苹果公司就消灭了软盘驱动器、只读光盘（CD-ROM）和智能手机的物理键盘。该公司近期推出的苹果手机已经取消了耳机插孔，迫使消费者选择新的适配器，甚至选择无线的耳机。市场的领导者可以影响变化，而市场的跟随者只能跟随。逐渐确立的技术标准帮助企业维持和开拓市场份额。因此，科技创业公司或是需要提升能力来加大其作为行业领导者的产品供应量，或是开发出能够创造新价值领域的创新。

那么，如果从市场增长率–市场份额矩阵的视角来思考科技创业公司，我们就会认为，投资瘦狗型企业是最好的开始。这条“瘦狗”需要获得足够的吸引力来创造市场需求。这会带来市场份额的增长，而市场份额的增长反过来又会激发更多的需求，从而推动市场的进一步增长。我们看到，网络效应和锁定的机制可以导致这种情况的出现。一旦市场增长启动，企业就会从“瘦狗”转变为“野猫”，甚至直接成为高市场份额和高增长率的明星企业。或许，一家科技公司正处于尚在形成的市场之中，并且已经有了竞争对手。在此情况下，这家野猫型企业可以尝试通过差异化策略来成为明星企业。企业可能在不断增长的市场中获得市场份额，同时它也尝试在这个市场中重新定义能够反映自身核心优势的东西。这也是脸书网挑战聚友网（MySpace）时的做法，聚友网直到 2008 年仍是市场的领导者。那些有效吸引脸书网未来观众的东西，聚友网当时就掌握了，其技术基础架构合理，并获得了用户和媒体的积极评价。2005 年，新闻集团（News Corporation）收购聚友网之后，后者获得了成为社交媒体巨头所需的技术支持。事实上，我们可以认为聚友网的社交网络构建是从瘦狗型企业开始的。

但现在，脸书网取代聚友网成了社交媒体领域的领导者［申克尔（Schenker），2015］。同样，尽管谷歌进入该领域的时间较晚，但它却使其他搜索引擎黯然失色，如雅虎、问杰夫斯（Ask Jeeves）和阿塔维斯塔（AltaVista）。谷歌就是在不断增长的市场中迅速获得市场份额的野猫型企业，它取代了其他搜索引擎。今天，谷歌和脸书网都可以被称为明星企业。它们持续地创造市场，推动市场成长，并通过提供解决方案来开发“需求”。对于科技创业公司来说，与成为现金牛企业相反，朝着明星企业前进并保持这一定位非常明智。缓慢增长的市场不可能成为科技公司发展的稳定空间。明星企业虽然能够带来现金流，但它在初期很可能需要持续不断的投资、基础设施建设和管理。声破天、时尚电商 Farfetch、印度电商 Snapdeal 和爱彼迎等公司就属于不能停歇的明星企业。它们必须不断地创造产品和市场，并不断拓展和革新。为了保持领先的地位，企业必须不断创造新颖的理念以制造和定义更多的新兴需求。科技创业公司有别于工业背景下的企业，现金牛对它们来说不是最佳的目标。

我们已经看到，波特针对这些问题的架构已经揭示了当前的变化。过去的策略可能面临新的技术，这些技术让我们能够重新分配价值或创造价值。科技公司并没有使用原始的“五力”视角，而是改变了竞争的动态。它们可以克服工业经济所面临的障碍。这意味着我们需要重新考虑科技公司的最优商业策略，以及它们如何成为创业公司的领导者。科技公司可以将大规模定制、创新和差异化结合起来，因此它可能成为成本领先者或差异化者。这又将我们引向了高市场销售量是否必须与销售的高利润并存的问题。此外，我们看到，对于科技创业公司，考虑不同消费者之间的差异非常重要。消费者创造收入，同时也产生成本。这就以不同于传统工业企业的方式打破了两者之间的联系，它意味着我们应当分别考虑单位销售利润和消费者增长的问题。最重要的是，很多科技公司都非常享受网络效应。因为在网络效应下，价值能够指数级地增长，而成本却仅仅呈线性增长，相对于直接性地追求利润最大化，这完全扭转了我们对如何管理资源和促进企业增长的认知。

此外，科技还可以帮助你在生态系统内部维护自己的客户，同时改变产品以排挤其他竞争者。综上所述，这些效应意味着用户数量和价值创造的增长对科技创业公司来说尤为重要。我们将在随后的章节进行进一步的讨论。

风险与潜力

每个人都可以提出不错的想法，但只有让这些想法真正实现的人才能改变世界。但是，改变世界需要资金，而如何发挥财务的力量并对其进行管理是本书的核心。我们将不断强调，科技并不只是从科技中获得利润。创业公司成功的关键在于在科技概念的基础上商业化地运作一项创意的能力。一家创业公司必须展示出这项创意是可靠而且可行的，而这种可靠性和可行性大部分源于这样的事实，即市场上已经存在关于这项创意的市场。但是，我们还需要看到，领导创业公司的团队必须拥有带领企业走向成功的必备手段。最后，只要资源准备就绪，创业公司就要抵达预先设定的里程碑（milestones），一旦错失，企业就可能走向创业公司的“死亡硅谷”。风险是科技创业公司的固有属性，那么有哪些类型的风险存在呢？

创业公司主要面临着两大类风险。一类风险是与产品、技术或市场相关的商业风险（business risk）。例如，如果产品的质量、属性或交付偏好不符合标准，产品就可能出现问题。而产品在开发、供应或提供服务的过程中，也有可能遭遇技术失败。或许，企业的目标消费者不接受产品的概念。此外，市场也有可能太小或是很快转向了其他的解决方案。这些都是潜在的商业风险，我们从中看到了影响商业风险的科技因素。另一类风险是创业公司的财务风险（financial risk）。企业获得资金的方式及企业的成本结构形式都会影响创业公司所面临的风险。过去的 10 年中，这两类风险改变着整个市场、行业和平台——不论新旧。因此，科技创业公司创造价值的机会在极为快速地涌现，但同时也面临着挑战与风险。

对大部分人来说，评估风险是一种条件反射。决定一系列的行动通常涉及考察预期结果的价值，同时考虑为此付出的成本，并且考量潜在的不利影响。在我们进行财务决策时，通常是以这样的视角——收益与所承担的风险相对应。一项确定的业务风险很小，因此它所获得的收益也低于其他冒险的选择，但冒险的选择也有可能收益更低，甚至带来损失。考虑预期收益的时间也非常重要。一项很久以后才会获得的支付需要更长的等待时间，也因此承担更大的风险，这种风险大于目前所能看到的所有情况。而从投资的角度来讲，大家通常能够接受的风险-收益关系是平衡的。一位投资于企业的投资者有可能获得更高的回报，原因在于他承担了更大的风险。如果低估了风险，他的利润就会遭受冲击。因此，尽职调查（due diligence）十分关键，它意味着投资者要在初始阶段考察商业概念的可靠程度，以及企业在更长的时间如何有效地保持成功的运营。

投资者会对科技创业公司的创意进行评估，尤其是创意中关于市场和团队的信息，以确认他们可以进行投资。在产品的概念和市场（concept and market）方面，投资者会寻找有竞争力的差异化特征。或许，企业可以更好地开展现有市场中的业务；或许，它能够提供一种全新的商业模式或尚待开发的市场；或许，企业的产品具有锁定的功能，即前面所提到的，一旦消费者对某种产品投入了精力和时间，就会拒绝使用其他产品。如果企业的创意还具有网络效应，那么它将成为一个非常有吸引力的投资机会，这时，企业的迅速发展和成长就变得非常重要。投资者也会希望看到科技的独特性，以及他们投资时的科技开发进度。对企业家进行调查也是尽职调查的一部分。企业的团队既要有坚实的技术专长，又要具有销售意识。同时，在执行建议及灵活地适应投资者的管理方式和决策制定方面，有必要让投资者感觉良好。投资者提出沿着新的发展方向经营业务的需求时，也要让他们感到舒服。投资者不希望他所投资的团队在开发产品概念或商业设想时有抵触情绪。只想在短期内待在企业的创始人，或是在长期只想停留在特定角色的创始人，不会获得投资人的青睐。

科技创业公司在长期获得高收益的可能性较低，但是却极有可能有很大的现金需求！然而，这并不是问题——事实上，正是这一点吸引了投资者。如果投资的收益很有可能为正但不会非常高，那么它不会吸引科技投资者。同时，如果一家创业公司的资金需求非常小却有很高的预期回报，企业的资金需求则很有可能已经通过其他渠道得到满足。如果投资者希望未来的回报具有较大的变动，他们就不是风险厌恶者（risk-averse）。若仅从风险-收益的维度考察一笔投资，这样的投资者就会追求具有高风险/高收益特点的项目，而科技创业公司就具备这样的特征。我们将在第六章和第七章考察不同来源的资金，发现不同的投资者有不同的目标。从市场机遇的角度而言，部分风险投资者或许只会寻找显示出具有明确市场机遇及潜在未来销售额的企业（可能在未来 5 年内拥有 3 亿美元订单并占据 20%~25% 的市场份额）。早期进入的投资者或许要求更大份额的所有权并表现出不同的风险-收益偏好。风险与预期收益相匹配的原则一直主导着投资决策。当然，投资者没有理由为较低的预期收益或者较小份额的高预期价值承担较高的风险。因此，承担风险的投资者会尽可能要求更大的企业股份。我们将在本书的后续部分讨论如何避免放弃太多的控制权或股权。但现在，关键在于科技创业公司除了前文所述的商业风险之外，还具有一种特殊的财务风险。

从定义上讲，科技公司是在投资并经营科技业务。在初始阶段，进入市场的成本很低，同时对企业在初期的资本需求也很小。但是，随着创业公司逐渐获得市场关注，科技公司的规模有所增长，需要通过高成本的大规模投资来扩张企业。技术的变化非常迅速，甚至可能很快就过时了。消费者的忠诚度也可能发生变化，尤其是在面临突破性科技带来的挑战之时。因此，大部分的投资一旦发生，就无法保持其原有的价值。编写代码的成本很高，但或许在开发完成后它就几乎没有价值了。不同于建筑和土地，科技公司投入成本的对象对其他人来说是没有用的，因此，成本非常高。但也基于同样的原因，科技公司的产品缺乏物理的属性，因而产品成本不会随着销售量的增长而上涨。每一笔销售都需要一些支持性的服务，但这些服务可以以非常低的成本在线提供。因此，如果你的企业有很高的投资需求，但在产品开发完成后运营成本很低，那么你所需要的就是良好的消费者基础。只要你能够利用消费者的购买收益覆盖初始的成本，大部分的销售就会最终转化为利润。

这些可能是科技创业公司的优势，但也可能成为它的隐患。这是因为，高利润的诱饵会吸引更多的参与者进入市场。因此，不久之后，我们就会发现市场只能容纳少数的参与者。因此，每个参与者在最开始都可能通过牺牲利润来获得市场份额，它们关注竞争对手所带来的新的差异化特征，并尝试通过进一步的开发来应对这些问题。一段时间之后，最后留下来的企业获得了所有的利润。因此，科技市场胜者为王——有时候，这只是一种短暂的现象，但在互联网经济出现的 20 年历史中，已经见证了大量这样的事实。

科技创业公司的投资者非常关注这一点，并且会通过尽职调查来确认自己所支持的创业公司是否会成为最后的赢家。然而，不确定性仍然很大，投资者最终可能向企业投入了大量的资源也无法阻止企业失败。他们的所有权会影响其承担风险的意愿。科技公司的风险状况告诉我们，成本结构导致了这个市场的空间只能容纳少数的参与者。这意味着科技公司可能会有较高的收益，但也肯定具有较高的风险。因此，科技创业公司的成本结构将影响投资者对企业风险的考虑。特别地，由于可以使用不同的技术选项，你创立企业时可以在不同的成本类型中进行选择，进而影响企业所包含的风险。我们将在第三章对此进行详细讨论。

除了企业的成本结构问题，部分科技公司还可能具有网络效应。正如前面所讨论的，当企业的用户数量达到一定的门槛值时，就会开始滚雪球，就会有更多的用户需要这样的服务。这一点加剧了这一事实：市场空间只能容纳少量的参与者。从本质上讲，这样的技术解决方案倾向于主导行业并挤出其他竞争者。就像脸书网这样的社交平台，它越是创造出更多的用户需求，其注册率就越高。同样的情况也发生在简约（Parship），这是一家提供网络相亲服务的公司，更多的用户就意味着更多潜在的约会。东南亚地区最大的电商之一来赞达（Lazada）和谷歌也是如此：来赞达将供应商和购买者集中到一起；而在谷歌，搜索越多就越能获得更好的搜索结果。最终的结果就是，市场只能容纳极少数巨头。

但是，请记住，这也可能发生相反的作用。一个因网络效应而正处于增长轨道之上的平台，也可能很快因为同样的效应被击倒。以朋友网（Friendster）为例，这家企业成立于2002年，成立后迅速获得了100多万名会员。当时，它一度是顶级的社交网站。但不到两年的时间，聚友网在页面浏览方面超过了朋友网。聚友网获得了大量关注，然而，它在5年后又输给了脸书网。因此，网络效应可以让企业的发展产生飞跃，但也有可能迅速地产生相反的作用。网络效应可以支持企业的快速发展，但在用户大量转移到另一家也受益于网络效应的企业时，它同样会造成企业价值的流失，所以投资者应当考虑其中的风险。

进一步地，一些科技公司希望在比较宽松或是有大量闲置资源的环境下运营，如果正确的技术方面的基础设施准备就绪，那么资源就会发挥作用。一旦这些企业完成了这项工作，共享经济的创新就开始成长，让传统参与者黯然失色。例如，优步、来福车（Lyft）、滴滴和欧拉租车替代了出租车及其他形式的个人运输。但在此商业模式下，从传统竞争者身上转移而来的利润和新用户所创造的利润通常降低了行业整体的利润水平，在这样的利润水平下，只有少数供应商能生存下来。事实上，大部分科技领域都只有少数的大型参与者和大量的小型参与者。科技投资者感兴趣的类型是那些有一定风险且有潜力变大的科技公司，而这些企业也是能够迅速获得资金的。

科技创业公司需要采取不同于传统企业的战略和财务管理规则，以实现正确的战略选择并做出正确的风险-收益评估。在随后的章节中，我们将依次讨论这样的战略和规则之下潜在的财务结构。要想成功地为科技公司融资并对其进行管理，就必须了解这些内容。

本章小结

我们回顾了：

- 为什么科技创业公司需要管理信息的连续反馈循环；
- 为什么科技创业公司应当以逆向思维方式使用传统的战略思维；
- 为什么科技创业公司在成本、数量和价值创造方面有差异；
- 为什么科技创业公司具有风险-收益的特征，这些特征影响了其融资和管理的方式。

复习思考题

1. 为什么科技创业公司要在连续反馈循环中运营？
2. 举例说明位于市场增长率-市场份额矩阵中的瘦狗型企业。
3. 为什么科技创业公司最终的阶段是明星企业？
4. 为什么一些平台的收益来自消费者，而成本来自用户？
5. 对投资者来说，科技创业公司有哪些风险？

延伸阅读

Martinez, AG (2016) *Chaos Monkeys: Obscene fortune and random failure in Silicon Valley*, Harper, New York.

Thiel, P and Masters, B (2014) *Zero to One: Notes on start-ups, or how to build the future*, Penguin Random House, New York.

参考文献

Goudin, P (2016) The cost of non-Europe in the sharing economy: Economic, social and legal challenges and opportunities (European Parliamentary Research Service paper PE 558.777), available from http://www.europarl.europa.eu/RegData/etudes/STUD/2016/558777/EPRS_STU (2016) 558777_EN.pdf [accessed 21.3.17]

Hall, J (2015) An analysis of the labor market for Uber's driver partners in the United States, available from s3.amazonaws.com/uber-static/comms/PDF/Uber_Driver-Partners_Hall_Kreuger_2015.pdf [accessed 21.3.17]

Hancock, M (2014) Move to make UK global centre for sharing economy (DBIS Press Release), available from www.gov.uk/government/news/move-to-make-uk-global-centre-for-sharing-economy [accessed 21.3.17]

Henderson, B (1970) The product portfolio, available from www.bcgperspectives.com/content/classics/strategy_the_product_portfolio/ [accessed 21.3.17]

Johnson, M (2017) Will Airbnb be the next tech unicorn to IPO in 2017?, available from www. zacks. com/stock/news/262357/will-airbnb-be-thenext-tech-unicorn-to-ipo-in-2017 [accessed 14. 6. 17]

Journalist's Resource (2017) Uber, Airbnb and consequences of the sharing economy: Research roundup, available from journalistsresource. org/studies/economics/business/airbnb-lyft-uber-bike-share-sharingeconomy-research-roundup [accessed 21. 3. 17]

Porter, ME (1979) How competitive forces shape strategy, Harvard Business Review, 57, 2, pp 137-45

Porter, ME (1980) *Competitive Strategy*, Free Press, New York

Porter, ME (1985) *Competitive Advantage*, Free Press, New York

Porter, ME (2001) Strategy and the Internet, Harvard Business Review, 79, 3, pp 62-78

Ries, E (2011) *The Lean Start-up: How today's entrepreneurs use continuous innovation to create radically successful businesses*, Crown Business, New York

Schenker, M (2015) Former MySpace CEO explains why MySpace lost out to Facebook so badly, available from www. digitaltrends. com/social-media/former-myspace-ceo-reveals-what-facebook-did-right-todominate-social-media/#ixzz4byomXDxi [accessed 21. 3. 17]

第三章

创业公司的贡献分析

创业公司的财务控制过程

如何计算创业公司的财务贡献并追踪财务贡献对企业的影响

了解变动成本和固定成本如此重要的原因

如何实现收支平衡

利用财务知识引导运营和战略行动的方式

会计工作有助于传统企业揭示其过往业绩的部分信息，同时帮助它们规划未来的业务活动。企业可以据此追踪其实际活动是否符合计划，同时就其经营状况与其他竞争者进行比较。它们也可以利用会计工作来管理现金流和决定融资的数量，当然，还可以利用这些信息与投资者和其他相关人士交流公司的日常活动。通常，传统企业的会计信息的用途包括：

- 获得融资；
- 监控公司业绩；
- 必要时对公司的财务状况进行评估；
- 向投资者和其他相关者报告公司的情况。

同样，科技创业公司也需要上述活动的所有信息。但对它们而言，情况更加复杂。创业公司很难获得具有同样目标的相似企业的信息。这意味着，没有太多的外部基准可供参考，它们无法据此来引导自己的企业活动，也难以与其他投资者或贷款者交流。企业和市场信息的极度缺乏，以及科技创业公司面临的不确定性，意味着尝试和探索成长的可能性十分重要。本章中，我们将探讨会计信息如何帮助企业构建基础架构。我们将学习以下内容：

- 创业公司的财务控制过程；
- 如何计算创业公司的财务贡献并追踪财务贡献对企业的影响；
- 了解变动成本和固定成本如此重要的原因；
- 如何实现收支平衡；
- 利用财务知识引导运营和战略行动的方式。

创业公司的财务控制过程

创业公司需要基于所获得的任何新信息来调整自身的活动，在经营过程中不断改善商业模式。一家创业公司的经营过程需要这种探索性的正式流程，它将在以下方面为企业带来帮助。

- 为企业活动制订计划；
- 为预期目标行动；
- 管理结果；
- 改变和完善新的行动计划；
- 保持投资者的信息获取与信任。

为了取得成功，创业公司需要拥有将任何新信息进行内部化的机制，以确保企业能够做出适当的改变，这些新信息源于外部商业环境及企业自身的经营过程。最后，一家科技创业公司不仅要在经营过程中愿意改变商业模式，还应该积极地寻求实现改变的方式。换言之，实现自我改变对于科技创业公司的灵活性和成长而言十分关键。

那么，科技创业公司如何做到这一点呢？创业公司能够让所有的计划建立在一套简明扼要的预期成本与业绩的目标之上，而这些信息源于自身或其他企业的经营经验，如果是这样就太棒了。这将使创业公司非常直接地控制和评估企业正在进行的所有活动，并制订出可靠的计划。然而，科技创业公司并不具备如此宝贵的经验或是参考基准来判断自己的路线是否正确。它们必须首先从市场或其他的信息来源搜寻信息，然后持续地评估这些信息对企业活动产生的影响。本章中，我们将考查财务控制过程，创业公司可以利用这一过程来聚焦财务信息。首先，在初次筹集资金时，这项工具将帮助科技创业公司真正地规范自身需要完成的工作；然后，它将支持创业公司参与到计划、行动和管理影响的反馈过程中，并且最终将获得的信息实时地反馈到企业的经营中。

无论企业经营何种业务，其管理者都必须做到两件最基本的事情：一是识别他们想做的事情；二是将这些想法付诸实践。只要能够观察这些行动带来的影响，你就应当尝试同时评估和解释任何偏离预期的情况。基于所了解的信息，你将制订新的计划来引导未来的行动。这适用于所有的企业家。你的商业目标必须基于一个假设，这个假设支持着你所选择的商业模式。但是，你应该在整个过程中不断了解自己的行动，包括了解自己的目标没有按照预期得以实现的原因，以及偏离预期的程度。图 3–1 展示了科技创业公司的财务控制过程。

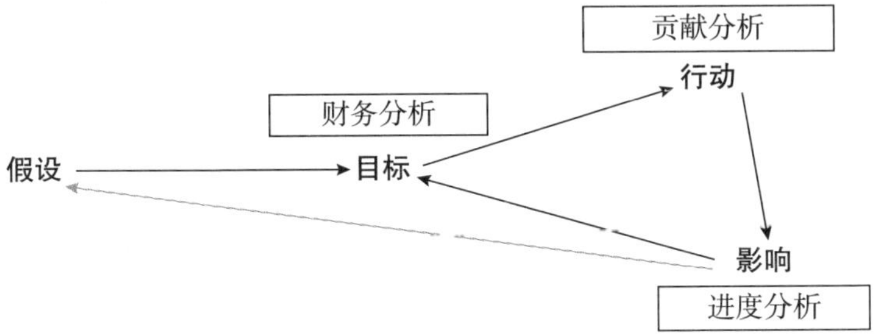

图 3–1 科技创业公司的财务控制过程

我们将看到，一家科技创业公司的财务控制过程主要包括三个步骤。本章主要讨论第一个步骤，内容包括我们需要了解的关于成本的知识，以便让我们理解行动与创业公司在财务方面的产出是如何联系起来的，即贡献分析（contribution analysis）。同时，我们也需要对会计报表有所了解，以便对企业的商业目标进行财务分析（financial analysis），这些内容将在第四章进行介绍。最后，我们将在第五章讨论第三个步骤，即评估财务影响指标，也就是发展进程分析（progress analysis）。这些内容将告诉我们创业公司的行动带来的影响，以及在必要时我们应如何使用这些信息来管理和重新思考企业的商业假设。这也将有助于选择企业的融资来源。

财务控制的三个步骤

科技创业公司确实不同于工业时代的组织，这一点非常明确。因此，这类企业需要一种特定的财务视角。如果我们能掌握科技创业公司所需要的不同的会计基础，我们就能够更好地管理公司的活动。这将帮助我们充分发挥潜力来追求企业利润和价值的最大化。

本章中，我们将探讨三个主要步骤中的第一个步骤，以便理解科技公司的财务系统。三个步骤如下：

- 第一步——观察企业启动后成本的变化，并用会计术语对此进行评估（本章）；
- 第二步——明确如何使用会计术语来清晰地揭示企业所取得的业绩，以便使企业朝着企业家的愿景前进（第四章）；
- 第三步——了解财务控制，以便通过信息的反馈循环来控制企业的经营并确定该如何进行融资（第五章）。

那么，让我们从第一步开始。

在经济学术语中，利润（profit）就是收入（或销售收入）与成本之间的差额。自然地，为了理解利润，我们就必须同时衡量收入和成本。众多的科技公司不同于传统的企业，其收入和成本的来源是截然不同的。通常，这些企业一方面吸引为其创造收入的消费者，另一方面又拥有由不同消费者构成的客户基础，企业大部分的成本产生于这些消费者。让我们从科技公司的成本入手。

从货币角度来看，成本（cost）是指企业为了获得产品所放弃的东西。大部分企业的成本类型各异。有的是显性成本，如电力、光照或热能，我们称为支出（expense）。在编写财务报表（第四章讨论的“利润表”）时，我们将报告期间的所有支出和收入一起列出。对于一家创业公司，可能会产生一些在未来某个时点才能带来收入的费用（expenditure）。例如，企业购买的 3D 打印机，预期使用 3 年。这类成本在成为实际支出之前不会被消耗。未消耗成本通常被认为是企业的资产（asset），例如你所购买的 3D 打印机。我们也将在第四章中看到，当编制企业的资产负债表时，这些未消耗成本将与企业的负债（liabilities）和净资产（net worth）一起列示。但是，当你用 3D 打印机来生产产品时，它的价值和未来的有用性在逐渐消失，那么其会计术语发生了什么变化呢？是的，随着时间流逝，你的 3D 打印机会从一项资产变成一项支出。用更加专业的术语来讲，我们需要将成本行为可视化，就像打印机一样，它在企业经营的过程中会被消耗。

为了简化对成本行为的认识，我们可以将成本行为的模式分为两类：固定的和变动的。首先介绍变动成本（variable cost）。考虑企业生产一单位产品需要的成本。对于一单位的产品而言，其成本可能会有生产过程中的材料成本、启动机器的电力成本及销售过程中的包装成本。因此，如果你的 3D 打印机在生产 A 产品的过程中，每单位的打印消耗了 5 英镑（£）的树脂，那么生产 10 000 单位产品的直接材料成本就是 50 000 英镑；20 000 单位产品就需要价值 100 000 英镑的树脂材料；以此类推。总的变动成本随着印刷活动的增加而增加（见图 3–2）。无论生产产品的数量是多少，直接材料的单位成本（5 英镑）都是不变的（我们暂时不考虑这样的情况：供应商对大批量的采购会给出更低的价格，这会略微改变数值，但不会改变变动成本的总体表现）。单位变动成本不会随着生产水平的增加而增加，如图 3–3 所示。

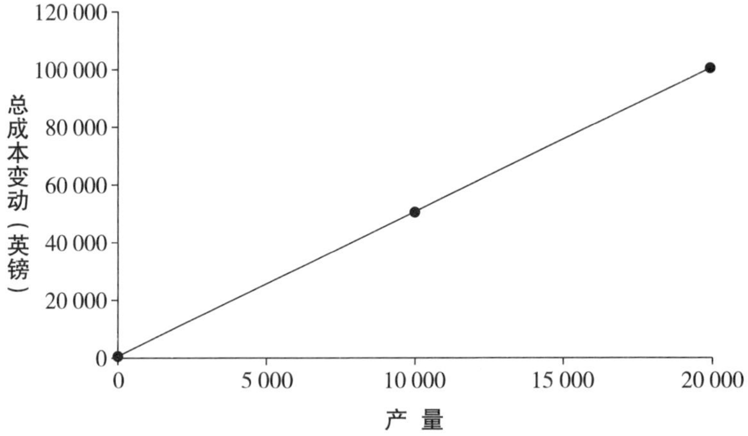

图 3–2　总变动成本行为

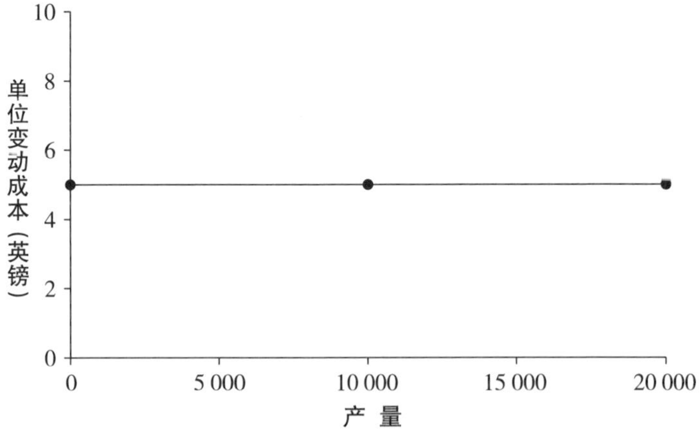

图 3–3　单位变动成本行为

现在来看看固定成本。固定成本（fixed cost）是指总额保持不变的成本。以 3D 打印机为例。假设你为购买打印机花费了 60 万英镑，同时假设打印机的生命周期为 3 年。那么，资产每年被稀释的金额——或者“直线折旧”（straight-line depreciation）——为 20 万英镑。无论使用打印机打印了 1 万单位的产品还是 2 万单位的产品，这个数额都不会改变（见图 3–4）。这意味着，对于每单位的产品，3D 打印机的成本会随着生产能力的提高而减少。反之亦然：如果生产能力降低，打印机的单位成本会显著增加。因此，如果我们从单位产品的角度考虑产品的直线折旧，我们可以说：对于 1 万单位的产品，20 万英镑直线折旧的单位成本是 20 英镑，但是对于 2 万单位的产品，单位成本则是 10 英镑（见图 3–5）。其他固定成本的例子还包括员工的年薪和季度保险费用。它们在一年之中的金额是不变的，然而却对应着不同数量的产出。但是，如果产出的数量下降，其单位成本就会增加，反之亦然。

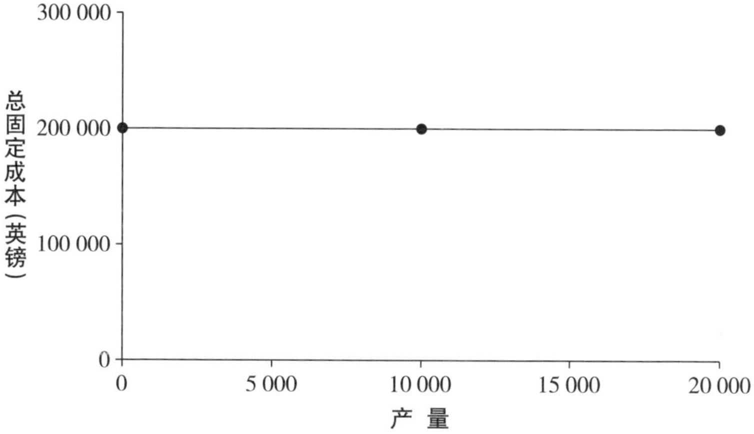

图 3–4　总固定成本行为

因此，并不是所有随着生产能力变化的成本都是以同样的方式变动。一部分成本会随着经营活动的变化而变化，而另一部分则保持不

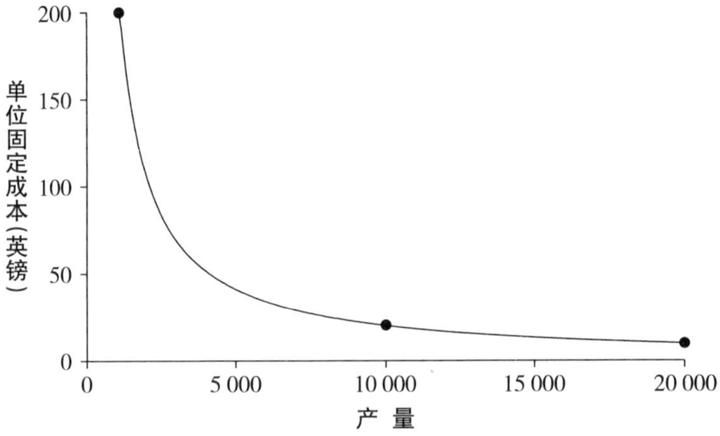

图 3-5　单位固定成本行为

变。但重要的是，在定义的相关范围内，变动成本和固定成本都表现出特定的成本行为。

什么是相关范围（relevant range）呢？让我们假定 3D 打印机每小时只能打印 100 单位的产品。这就意味着，如果每小时需要打印 101~200 单位的产品，就需要第二台打印机。因此，打印机的相关范围是每小时 100 单位。假定固定成本在没有超过 3D 打印机的最大打印能力时是固定的。同样，即使打印的数量是变化的，单位变动成本仍然保持不变，但这只在打印机的相关范围内成立。为了简化，会计师通常假定单位成本的变化来自相关范围内的规模经济、生产效率的提升或运营效率的提升。例如，如果一定的购买数量达到供应商的折扣要求，那么包装材料的供应价格就会下降。我们可以选择忽略批量购买带来的折扣从而简化问题，假定每个产品的包装成本是不变的：比如，为了每小时生产最大数量为 300、400 或 500 单位的产品，我们购买 3D 打印机的支出会越来越多。这意味着，成本的增加呈阶梯状（见图 3-6，有时也被称为半固定成本）。如果一项固定成本的相关范围在减小，我们就能看到成本会随着产量的变化而以频繁的间隔发生跳跃，此时，企业或许只需要将这些成本看作变动成本（见图3-2）。

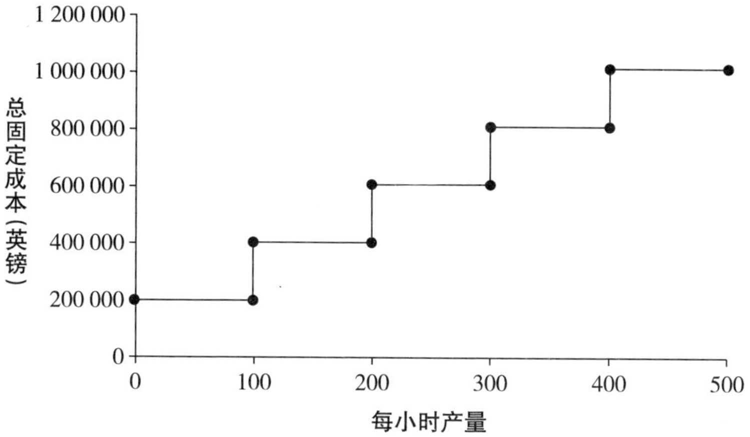

图 3-6　成本的阶梯式增长

到目前为止，我们讨论了固定成本和变动成本。但是，成本通常不是完全固定或完全变动的，而是以两种成本行为的某种组合形式而存在。混合（或半变动）成本拥有不随产量变化而变动的成分，也具有随产量变化的一定比例变动的成分。因此，随着产量的增加，混合成本可能会增加，但仅仅是部分增加。

考虑一台供企业使用的接入网络的 iPad（苹果平板电脑）。这台 iPad 的支付方案是在下载量超过一定数量之后就要按照数据流量进行收费。这些费用甚至超过你所支付的固定费用。这意味着某一时间段内，iPad 数据使用的总成本同时包括了固定成本和变动成本：固定收费的部分，以及超过限制之后额外收费的部分。对于销售人员来说，这一点仍然成立，他们可以在领取基本的工资之外获得销售 iPad 的佣金收入。基本工资代表了零售商的固定成本，但零售商同样还面临着变动成本，其金额取决于销售人员在一定期间内销售 iPad 所获得的佣金总额。

科技创业公司的成本与其他类型企业的成本有何区别呢？让我们深入地考察一下更加传统的制造业的成本，如家具制造。在制造有形的产品时，生产过程中需要使用大量的原材料，例如，生产桌子要使用木材。这样的成本可以追溯到产品本身。因此，我们将这样的成本称为直接（材料）成本（direct cost）。然而，也有部分成本虽然能够追溯到产品，但需要消耗大量的精力。想象生产一张桌子的过程中所使用的每一滴胶水。我们可以对其进行精细管理，但并不值得这样去做。或许我们最终发现，在制造 1 000 张桌子的过程中，每一滴胶水的成本是 0.002 英镑，却花费了 800 英镑的资源来对其进行管理。为了避免这样的情况发生，我们将某些理论上可以追溯到产品的成本划分到间接成本（indirect cost）中，如胶水。我们把它们归入间接费用（overhead cost）这一大类中。

制造产品也需要向雇员支付工资。如果一家企业能够以简洁而经济的方式将这些工资直接追溯到产品上（即不像分摊胶水成本那样），那么它就可以将这类成本称为直接人工费用。由于直接人工费用直接追溯到产品上，所以它会随着产品数量的上升或下降而同方向变化，就像变动成本那样。但是，企业通常为人工支付一个确定的数额（如工资），以确保自己有能力生产产品，而不管企业是否完全发挥这种能力。在这种情况下，将人工作为固定成本就更为合理。

很多采用数字技术的企业，其直接人工成本只占制造产品或提供服务总成本很小的一部分。现在，制造业的企业也会在数字化方面投资，进而使用计算机辅助设计、灵活的制造系统和工业机器人进行生产。这种工作模式使得直接人工及总人工成本都大幅下降。间接费用代表了那些一般意义上既不属于直接人工也不属于直接材料的成本。过去的一个世纪中，就制造业企业而言，直接人工作为产品总成本的一部分处于下降趋势。相反，我们看到越来越多的机器或复杂生产技术形式的资本投资，这使得企业在改善生产灵活性的同时有能力创造复杂的产品，并生产更多不同批次的定制化产品。

当今科技公司的直接人工成本甚至更少，而且通常没有任何的直接材料投入。让我们来看看史克威尔艾尼克斯（Square Enix）公司的电子游戏《最终幻想 15》（*Final Fantasy XV*）的生产与交付。这个产品几乎不需要材料和人工投入，成本大部分是固定成本。虽然在理论上找出每单位产品的成本是可能的，但在实践中其计量是不准确的，因为固定成本使得产品的供应具有了可拓展性。史克威尔艾尼克斯公司 2013 年的销售成本为 987. 88 亿元，两年后的销售成本为 947. 94 亿元。当时，其销售额从 1 479. 81 亿元上升到 1 678. 91 亿元*。脸书网 2013 年的销售成本为 18. 75 亿美元，两年后上升到 28. 67 亿美元。与此同时，其销售额从 78. 72 亿美元上升到 179. 28 亿美元。这些公司的成本大部分都是固定的。同时，就像我们在前文所看到的，带来成本的消费者通常不是带来收入的消费者。这意味着，从根本上讲，具有高固定成本和低变动成本的科技公司不应当遵循传统工业企业的战略来实现商业化的成功、价值的创造或利润的产生。

实现盈利

只要我们将成本划分为固定成本和变动成本，我们就可以探索两类成本对利润的影响。因此，在这一部分我们将讨论收入，以考察除成本外还有哪些因素会影响利润。在运营过程中，总是存在与总成本相匹配的必要收入，大部分企业都对此有一定的兴趣。企业终归是希

* 这一案例中，原书使用了人民币的货币符号“¥”。——编者注

望从收入或销售额中获得启示，而此举是实现目标利润所必需的。

收支平衡点（break-even point）是企业在经营过程中收入与所消耗的成本相等的点。如果一家企业将经营水平维持在这个点上，那么，企业既不会获利也不会亏损。我们可以把收支平衡分析作为将企业未来绩效情景可视化的一项工具，同时这也可以纳入企业的计划中。

我们可以利用数学方程式来解出收支平衡点。这个公式代表了企业的收入、成本和产能三者之间的关系。需要代入方程的数据包括：

- 未来某个时段预计的固定成本，如未来一年；
- 未来同一时段预计的变动成本。

我们从这样一个基本的想法出发：

利润 = 销售额 − 成本

　　= 单位销售价格 × 数量 − 变动成本−固定成本

如果销售额 = 成本，那么企业不盈利。此时，对应的销售水平就是收支平衡点。

假定一家企业的预计固定成本为 9 万英镑，而预计的变动成本是销售额（S）的 10%。那么，对应的收支平衡点就是 10 万英镑的销售额。计算过程如下：

收支平衡点销售额 = 固定成本 ＋ 变动成本

S = 9 万英镑 ＋ 10%S

90%S = 9 万英镑

S = 10 万英镑

对应的利润表如表 3–1 所示。

表 3-1 利润表 （单位：英镑）

销售收入①		10 万
支出		
可变成本（10 万 ×10%）	1 万	
固定成本	9 万	10 万
营业利润		0

这一结果也如图 3-7 所示。我们既可以用一家企业的总销售额来描述收支平衡点，也可以用销售量来表示。例如，如果单位销售价格是 50 英镑，则收支平衡点既可以表示为 10 万英镑的销售额，也可以表示为 2 000（10 万英镑 / 50 英镑）单位的销售量。如果企业的固定成本、单位变动成本或单位销售价格发生变化，则收支平衡点也会发生变化。

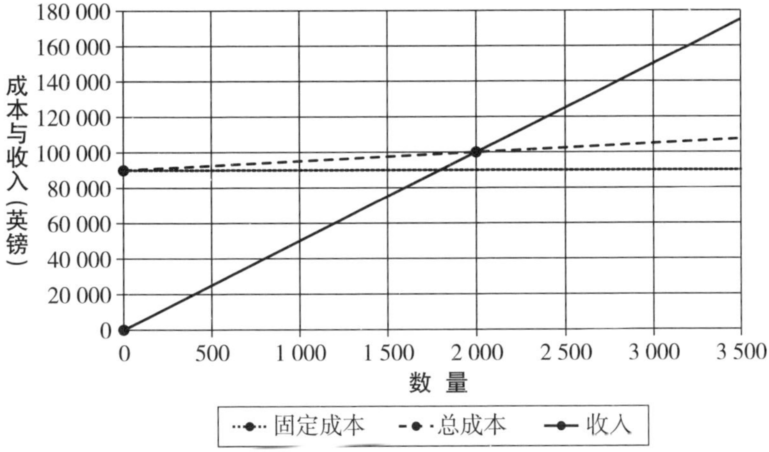

图 3-7 收支平衡点示意图

因此，正如我们所看到的，在收支平衡点，销售额和成本是完全

① 本书中的“销售收入”就是指“销售额”，即由销售活动带来的收入金额。在简化的情况下，不考虑税收和收入确认等因素影响，销售收入与销售额相等。——译者注

相等的。如果我们想要计算出达到某个期望利润水平所需的销售量，只要将这个期望的利润水平代入方程中即可。

下面我们举例说明。假设这样一种情况，固定成本为35万英镑，变动成本为销售额的20%，期望利润为20万英镑。那么，要实现期望利润的销售额为68.75万英镑，计算过程如表3–2所示。

表3–2　销售额的计算　（单位：英镑）

销售收入	=	固定成本	+ 变动成本 + 预期利润
S	=	35万	+ 20%S + 20万
80%S	=	55万	
S	=	68.75万	

如果我们以另一种方式来考察，即从所计算的销售额数据入手，可以看到这一计算的效度（见表3–3）。

表3–3　营业利润的计算　（单位：英镑）

销售收入		68.75万
支出		
变动成本（68.75万×20%）	13.75万	
固定成本	35.00万	48.75万
营业利润		20.00万

如果基于特定的销售组合，我们可以计算出销售两种及以上产品的企业的收支平衡点。只要销售组合保持不变，计算出实现期望利润的收支平衡点及销售额就非常简单。

根据总收入和总成本来进行分析是计算收支平衡点的一种方式，但它并非总是最便捷的方式。对于利用完全不同的资源制造的不同类型的产品，其收支平衡点也是不同的。如果我们基于统一的单位，这可能是进行利润最大化的更好方式。当我们考虑不同的成本在统一的单位上表现如何时，它将帮助我们做出十分有用的决策。这种方式涉及对边际收益进行分析，即意味着我们要对固定成本和变动成本进行区分。边际收益（contribution margin）就是销售收入与变动成本之差。换言之，边际收益表示在覆盖固定成本及创造利润之后还剩余的销售收入。

让我们来看看视频游戏的例子。我们或许会想到，实体磁盘的销售在当今的无线电子世界中正在淡出人们的视线。然而，事实上，以实体磁盘形式进行的单机游戏的销售额依然很高。2015 年，美国所有的计算机和视频游戏的 44% 都是以实体形式出售。全球最大的视频游戏零售商游戏驿站（GameStop），2010 年所获利润的 90% 源于实体视频游戏。据游戏驿站估计，2019 年，该项业务仍将占其总收入的 50% [统计年鉴（Statista），年份不详；马库赫（Makuch），2016]。视频游戏看起来仍然被大量购买，它们将游戏软件刻录在磁盘上，被包装在盒子中并用收缩膜包装起来。

因此，假定有一个新的游戏零售商重生娱乐（Respawn Entertainment），该公司根据以下的预估单位成本发布了《泰坦陨落 5》（*Titanfall* 5）。这些数字是基于制造和销售 2 500 万实体销售单位而计算的（见表 3–4）。

表 3–4 单位总成本的计算 （单位：英镑）

变动人力、材料和间接费用	4
固定生产间接费用	10
变动销售和管理成本	5
固定销售和管理成本	2
单位总成本	21

然后，重生娱乐从国外经销商手中获得了一笔特殊的订单，希望以 10 美元的单价购买 200 万件产品。幸运的是，重生娱乐有充足的实力来额外生产 200 万件产品。然而，如果它接受了这笔订单，其最终要付出的代价是特价售卖及 50 万美元的管理费用。另一方面，它将完全没有任何的变动销售和管理成本。那么，对重生娱乐来说，这笔订单值得接受吗？

要解决这一问题，我们需要考察的单位成本是变动制造成本。《泰坦陨落 5》的单位总成本是 4 美元。从经销商支付的 10 美元中扣掉 4 美元，它们所能获得的单位边际收益是 6 美元。将这个数字乘以经销商希望购买的总数，就可以得到总边际收益 1 200 万美元（6 美元 ×200 万）。这个数字远远超过了重生娱乐合约的固定成本 50 万美元。请记住，此类分析我们仅需考察合约的增量成本。所分配的固定成本并不是相关的，因为它们不会随着重生娱乐的发展和接受订单而改变。

现在，我们假定重生娱乐可以将收缩膜的生产以每单位 3 美元的价格外包，从而让单位变动成本下降 2 美元。如果它这样做了，就可以将部分设备以每年 2 700 万美元的租金租给一家当地的企业。那么，重生娱乐应当继续自己生产收缩膜还是将其外包呢？

让我们来看看计算过程。将收缩膜外包生产比自己生产更贵，增量成本为每单位 1 美元，共 2 500 万单位。然而，因外包生产而释放出的空间可以出租并获得每年 2 700 万美元的增量收入。因此，执行外包计划获得的增量利润为 2 700 万美元 − 1 美元×2 500 万=200 万美元。所以，重生娱乐应当外包收缩膜的生产。

增量成本需要考虑的关键因素有两个：一是两种可选的行动方式之间是否存在成本差异；二是这些成本是否意味着未来的损失。以上是与此类分析相关的唯一成本。

“胜者为王”世界中的边际贡献

无论是开发产品还是将产品推向市场，数字产品都有固定成本高企的趋势。而另一方面，其变动成本倾向于变得非常低。这种混合成本行为意味着生产电子产品的企业可以追求更加商业化的策略，而这些策略在正常情况下并不适用于传统工业企业。不仅企业的成本结构向固定成本倾斜，同时固定成本还往往是沉没的——这些成本一旦发生就无法收回。少量但仍然存在的变动成本，也意味着企业可以使用高度个体化的定价策略，这种策略对于进军变化迅速的科技市场的企业而言至关重要。让我们通过一个实例来看看这一原则是如何发挥作用的。

假设 E-Holo 公司开发一种名为 Photon 的软件，该软件可以将照片转换为 3D 的全息投影。E-Holo 公司正在着手营销这款产品，但它发现自己有一个竞争对手 Holotech。这家公司也将发布自己的软件 TechD，该产品可以将照片转换为全息图。

E-Holo 公司将 Photon 软件的价格定为 80 美元。过去的一个季度，公司耗资 280 万美元用于支付产品开发和在线营销成本。使用这款软件需要初始的远程协助，单位成本为 5 美元。

在第一个季度中，E-Holo 公司卖出了 2 万单位的 Photon 软件。我们可以利用前述的方法来计算出该季度 E-Holo 公司的利润：

利润 = 销售额 − 成本

　　= 单位销售价格 × 数量 − 变动成本−固定成本

因此，

利润 = 80 美元 × 2 万 − 5 美元 × 2 万 + 280 万美元

　　= − 130 万美元

E-Holo 在第一季度出现了 130 万美元的亏损。

现在，我们来看看 Holotech 公司的利润。他们卖出了 2.5 万单位的 TechD 软件包。而 TechD 的定价也是 80 美元。Holotech 公司第一季度的固定成本为 310 万美元，变动成本为每单位 4 美元。因此，Holotech 公司第一季度的利润为：

利润 =80 美元 ×2.5 万 −4 美元 ×2.5 万 + 310 万美元

= −120 万美元

由此可见，E-Holo 和 Holotech 在产品发布后的第一季度都出现了亏损。

随后，在接下来的一个季度，消费者对新产品的兴趣有所增加。E-Holo 公司卖出了 3.5 万单位的 Photon 软件。而由于成功的电子营销，Holotech 公司卖出了 24 万单位的 TechD 软件。两家公司的产品定价仍然是 80 美元。事实上，他们在第二季度发生的变动成本和固定成本与第一季度相等。对 E-Holo 公司而言：

第二季度利润 =80 美元 ×3.5 万 −5 美元 ×3.5 万

+ 280 万美元

= −17.5 万美元

E-Holo 公司依然面临着亏损，但亏损的金额小于上个季度。

对比而言，Holotech 公司：

第二季度利润 =80 美元 ×24 万 −4 美元 ×24 万

+310 万美元

=151.4 万美元

较大的销售额为 Holotech 公司带来了不错的利润水平，同时公司获得了同类产品市场 75% 的消费者。

第三季度，两家公司的销售额迅速上升。E-Holo 公司卖出了 30 万单位的 Photon 软件，而 Holotech 公司卖出了 270 万单位的 TechD 软件。销售价格、变动成本和固定成本仍然保持不变：

E-Holo 第三季度利润 =80 美元 ×30 万-5 美元 ×30 万
+280 万美元
= 1970 万美元

同时，

Holotech 第三季度利润 =80 美元 ×270 万 -4 美元 ×270 万
+310 万美元
= 2.021 亿美元

第三季度，Holotech 公司的利润是 E-Holo 公司利润的十倍之多，同时，Holotech 公司占有 90% 的市场份额。我们可以推断，到该年年末，Holotech 公司的利润会更高，而随着市场的增长，其市场份额也将进一步增加。第二季度，E-Holo 公司甚至没有达到收支平衡点，而 Holotech 公司则在较短的时间内超过了这一水平并获得了更高的利润。在刚开始开发和改良产品的过程中，的确发生了较高的固定成本。但是，一旦销售额覆盖了这些成本，利润就会飞速增加。

企业只要达到了收支平衡点，利润就会快速增加，其原因在于，两家企业都拥有低变动成本且同时保持着相当高的单位销售价格。这意味着，一旦固定成本被覆盖，大部分的销售额就是净收入。

正如我们所看到的，不论是 E-Holo 还是 Holotech，单位边际贡献都非常高。当我们尝试理解针对不同的科技产品策略带来的财务影响时，这是一个非常关键的概念。让我们回到一开始的利润方程：

利润 = 销售额 - 成本
= 单位销售价格 × 数量 - 变动成本 - 固定成本

我们可以将其简化为：

利润 =（单位销售价格 - 单位变动成本）× 数量 - 固定成本

因为

单位边际贡献 = 单位销售价格 - 单位变动成本

我们可以进一步简化为：

利润 =单位边际贡献 × 数量 - 固定成本

现在，假设第四季度的销售额为 60 万单位的 Photon 软件和 1 400 万单位的 TechD 软件。那么，我们可以利用这个简化的公式分别计算两家公司的利润：

E-Holo 第四季度利润 =75 美元 ×60 万 - 280 万美元

= 4 220 万美元

Holotech 第四季度利润 =76 美元 ×1400 万 - 310 万美元

= 1.060 9 亿美元

Photon 和 TechD 的边际贡献分别为 75 美元和 76 美元。

E-Holo 和 Holotech 刚开始是势均力敌的。但我们可以看到 E-Holo 的销售额和市场份额都在迅速下降。科技型产品的市场可以发展得非常迅速，因此，选择一种策略并不断实时地进行评估对于企业获得成功非常重要。如果 E-Holo 不能迅速地制定有效的应对策略，它将被 Holotech 逐出市场，而 Holotech 则锁定了消费者。最终，消费者发现自己面临着高昂的转换成本。这样一来，即使对 Photon 软件进行了进一步开发从而使产品的性能优于 TechD 软件，E-Holo 也将无法说服消费者转而使用 Photon 软件。

企业的产品在技术上稍逊一筹，但最终却主导了同类产品的市场，这样的实例很多。举一个打印机的例子。19 世纪 60 年代，打字机键盘上的某些字母往往会在快速打字或一个紧接着一个的时候（如 "t" 和 "h"）卡住。因此，为了降低实际的打字速度，打字机的键盘采用了柯蒂布局（QWERTY format）。20 世纪初，技术水平有所提高，但此时，无论是硬件还是打字习惯都已经被锁定在了技术更差的标准格式上。当时，出现了其他可选的键盘布局，如德沃夏克（Dvorak）

和科尔马克（Colemak），尽管采用这两种布局的键盘的打字速度比柯蒂布局快，却很少被使用。柯蒂标准布局已经深深地锁定了市场。

同样的故事也发生在世嘉（Sega）的梦工厂（Dreamcast）主机身上。这款主机是2000年最前卫的以网络为中心的家庭游戏主机。然而，主管梦工厂主机营销的竹崎忠（Tadashi Takezaki）认为，这距离当时的公司的收支平衡点太遥远，因而决定在次年停止生产梦工厂主机。世嘉已经发现自己陷入了与其他主机制造商的折扣战中，即陷入了“销售越多的主机，则亏损越多”的泥潭之中［吉福德（Gifford），2013］。

1995年，网景（Netscape）公司占网络浏览器市场的90%。而微软开发了自己的浏览器，即因特网浏览器（Internet Explorer，缩写为IE），并将其作为销售的每一台个人电脑中视窗操作系统的默认浏览器。2000年，IE浏览器已经获得了95%的市场份额。此后，技术日趋进步，而IE浏览器的性能相对落后，但相比其他浏览器，它仍然维持着很高的市场份额。渐渐地，对消费来说不需成本的超级浏览器获得了优势。现在，谷歌浏览器（Chrome）的市场份额为63%，而IE浏览器的市场份额仅为9.7%。由于消费者能够获得更加易于操作的选择，浏览器锁定用户的能力在逐步削弱。具有讽刺意味的是，火狐浏览器——一款由谋智（Mozilla）公司发起、由网景公司重新开发的浏览器，目前占有14%的市场份额（市场调研机构Netmarketshare，2017）。

一家创业公司的战略应当始终以向市场学习为导向，然后基于这个基础不断成长。营销战略、产品特征及电子营销平台都在创造学习机会中发挥着作用，而这些机会指明了企业前进的道路。快速反应与积极主动的策略对于企业成长十分关键。作为这一战略的一部分，定价战略的思考和运用至关重要。在E-Holo和Holotech的例子中，两家公司都可以在早期通过降低销售价格来获取市场份额。值得铭记于心的是，销售价格会揭示产品的部分信息，因此平衡产品预期与价格就非常重要。但无论如何，更低的销售价格可能会为企业带来更大的市场吸引力。

让我们思考一下，E-Holo 和 Holotech 需要向下修正价格的空间有多大。E-Holo 的 Photon 软件边际贡献为 75 美元，而 Holotech 的 TechD 软件边际贡献为 76 美元。因此，非常明确，两家公司有很大的空间来降低边际贡献。然而，制造业产品就不是这样的情况了，例如梦工厂主机，因为这类产品的变动成本很高。同时，这也意味着世嘉公司在维持市场占有率方面可选择的策略有限，因为它们正在面临着疯狂的价格战。但对于大量的电子产品来说，我们可以采取不同的方式，原因是电子产品通常有非常高的边际贡献。正如我们所看到的，不论是 E-Holo 还是 Holotech，初始的固定成本都很高。这意味着要迅速实现收支平衡是有压力的，但你需要在实现收支平衡与追求市场份额两者间做出权衡。如果一个竞争性的产品超过了本企业的市场吸引力，这种趋势就会越来越难以改变。企业的结局可能会和 E-Holo 一样：即使利润大量增加，却很快失去了市场份额。

假定 E-Holo 决定要将 Photon 软件的价格降低到每单位 70 美元。Holotech 很可能会跟随 E-Holo 的行动进一步压低价格，比如降低到 65 美元。而 E-Holo 或许会制定同样的甚至更低的价格，比如 50 美元。一场价格战就这样爆发了，而两家企业都希望增加自己的市场份额而不是立即获得回报。那么，企业的价格可以低到什么程度呢？传统的工业企业会拒绝以低于全部成本的价格（即将变动成本和固定成本分配到每个产品上）出售产品。但有时候，为了获得市场份额，采取售价低于成本价的渗透策略是有意义的，尤其是对于科技产品来说，消费者常常需要在体验产品之后才能了解产品的价值。因此，低价成为吸引消费者的一种不错的方式，他们将通过实际使用产品来对产品做出评价。一旦消费者接受产品并认可了产品的价值，企业就可以恢复正常的价格并最终获得利润。对创业公司而言，这也是一条生存之道。

由于产品的边际贡献较高，E-Holo 和 Holotech 采取低于全部成本销售或暂时性地降低价格都没有问题。即使是进入价格战，它们最终也会把价格定在与变动成本相等的水平。这样一来会发生什么呢？Photon 的变动成本是 5 美元，而 TechD 的变动成本是 4 美元。如果价格设定在刚好等于变动成本的水平，那么收支平衡将永远无法实现。这是因为该价格将导致无法覆盖企业的固定成本。因此，这种情况下我们预计两家企业都将损失掉固定成本部分。

如果一家企业要采取“做大做强的战略”并试图成为最大的市场主体，那么为什么不把价格确定在低于变动成本的水平呢？这种做法或许是合理的，尤其是在变动成本非常低的情况下，这也是科技公司通常采取的做法。例如，Photon 和 TechD 都可以把售价定在 2 美元。

让我们做更进一步的讨论。无论如何，两家企业在产品发布后的第一季度都会遭受巨大的损失。因此，为什么不通过赠送产品来增加市场份额呢？毕竟当两种商品非常相似时，在早期亏损阶段，决定企业是否能够获取更大市场份额的关键在于企业的“持久力”。你或许会用同样的推理来预估下一阶段的情况。如果我们愿意通过赠送商品来获得宝贵的市场份额，那为什么不走得更远，即制定负价格（negative selling price）呢？为什么不向消费者付钱让他们来使用商品呢？

在拥有众多参与者的几乎没有降价空间的市场中，成功的企业的确使用了这样极端的方式来确保企业的成长。成立于 1997 年的买网（Buy.com）就曾经以低于成本的价格出售电脑。这种商业模式的目标是通过广告和附加服务来获得收入，如设备租赁。公司成立的第二年，它的销售额就达到 125 万美元。1999 年，销售额翻了两倍多。而 2000 年，该公司的收入已经超过 7.5 亿美元［美国商业参考网（Referenceforbusiness. com），时间不详］。通过向每位新注册用户支付 10

美元及向引荐他人的老用户支付 10 美元，贝宝公司以类似的方式迅速获得了市场主导地位。企业的成长立即呈指数级增长［蒂尔和马斯特斯（Thiel and Masters），2014］。尽管这种定价策略并不总是可行的，但它被用于加速创业公司的成长却非常成功，在这样的市场中，只有少数胜者能够生存下来。

我们已经从市场份额的角度讨论了“胜者为王”的情景。在具体的产品背景下探讨这一问题非常有价值。在前面的例子中，全息图的制作固定成本非常高。大部分科技创业公司都面临着这样的情况，即大部分固定成本是沉没成本——它们是无法收回的。因此，当我们进行定价决策时，无须考虑固定成本。这意味着，我们有低价格（甚至负价格）这样的激励措施使“做大做强”的战略切实可行。

记住软件产品和工业产品之间的关键差别非常重要，这种关键差别就在于软件产品的成本不一定会随着产量的变化而增加。想象一下，在经过了所有的研究、开发和编程等程序后，一家企业只能够制造唯一的一种定制化软件包。或许，E-Holo 只需专门为一位商业客户提供定制化的全息图软件。这将会导致针对该项应用的总成本极高，因为它对应的固定成本无法通过较大的产量来分摊。但对于 E-Holo 这样的科技公司而言，生产更多同样的软件产品的变动成本却几乎接近于零。也许这种软件在不损失任何质量或功能的情况下具有完美的可复制性。正是这些独一无二的因素，尤其是典型的低单位变动成本，成为科技产品边际贡献的主要组成部分。此外，我们在定价时不会考虑沉没的固定成本这一因素，考虑到这一事实，我们就有足够恰当的理由制定低价格甚至负价格。在这种可选的定价策略下，我们可以追求快速的成长，而非急于追求稳定的利润。对于像 E-Holo 和 Holotech 这样的软件产品而言，变动成本和固定成本的特征意味着“做大做强”的战略是明智的。这样的策略或许会被纳入与竞争者展开的价格战及其他旨在获取市场份额的行动中。

非常明确的是，科技产品的成本和市场特征都使得追求快速的市场成长即使不是必要的选择，也是十分具有吸引力的。很多企业都曾使用过这样的策略，获得了大量的科技市场份额。它们能够做到这一点并不是因为其产品供应更具优势，而是因为它们了解该如何充分利用自身的商业模式所对应的财务系统。

本章小结

我们回顾了：

- 科技创业公司的财务控制过程如何连接贡献分析、财务分析和过程分析；
- 应了解变动成本和固定成本如何帮助我们计算出财务贡献；
- 如何计算收支平衡点的销售量；
- 科技公司创业如何利用财务知识驱动明智的企业战略。

复习思考题

1. 科技创业公司财务控制过程的三个组成部分是什么？
2. 单位变动成本与单位固定成本，以及总变动成本与总固定成本之间有何区别？
3. 如何计算企业在收支平衡点时的收入？
4. 在前面的例子中，单位边际贡献和总边际贡献分别是多少？
5. 对科技创业公司而言，怎样的成本特征支持“做大做强”的战略？

延伸阅读

Ford, M and Cummins, J (2015) *Rise of the Robots: Technology and the threat of a jobless future*, Basic Books, New York.

Kelly, K (2017) *The Inevitable: Understanding the 12 technological forces that will shape our future*, Viking, New York.

Ross, A (2017) *The Industries of the Future*, Simon & Schuster, New York.

参考文献

Gifford, K (2013) Why did the Dreamcast fail? Sega's marketing veteran looks back, available at http://www.polygon.com/2013/8/7/4599588/why-did-the-dreamcast-fail-segas-marketing-veteran-looks-back [accessed 21.3.17]

Makuch, E (2016) GameStop forms publishing program to 'revolutionize' the process, available at www.gamespot.com/articles/gamestop-formspublishing-program-to-revolutionize/1100-6438915/ [accessed 21.3.17]

Netmarketshare (2017) Desktop browser market share, available at www.netmarketshare.com/browser-market-share.aspx?qprid=0&qpcustomd=0 [accessed 6.6.17]

Referenceforbusiness.com (nd) Company profile, information, business description, history, background information on buy.com, Inc, available at www.referenceforbusiness.com/history2/24/buy-com-Inc.html [accessed 21.3.17]

Statista (nd) Breakdown of US computer and video game sales from 2009 to 2015, by delivery format, available at www. statista. com/statistics/190225/digital-and-physical-game-sales-in-the-us-since-2009/ [accessed 21. 3. 17]

Thiel, P and Masters, B (2014) *Zero to One: Notes on startups, or how to build the future*, Penguin Random House, New York

第四章

创业公司的财务分析

如何将财务控制过程与关键财务报表相联系

资产负债表的结构及其表达的信息

利润表如何报告利润情况

如何利用现金流量表管理现金

在第三章中，我们考察了创业公司财务控制过程的构成，并讨论了在创业公司开始活跃时，如何从会计的角度看待创业公司的成本变化。现在我们将探索财务控制过程的第二步，内容包括了解如何用会计术语来沟通企业的表现，以及如何使用这些信息引导企业向着未来的愿景前进。本章的目标是保证读者能够理解会计报表，以助于对企业展开财务分析。

无论是为了吸引投资者，还是在企业发展的过程中报告自身的业绩，创业公司需要沟通财务信息。所有的企业都需要在一定的阶段准备成套的账簿，以便它们：

- 符合报告的要求；
- 必要时向投资者提供会计信息；
- 反映不同战略背景下的财务结果。

通常，公司使用一种依赖复式记账的记账系统，这种方式旨在反映金融交易同时接受和提供价值的基本原则。因此，我们采用双重匹配的记录方法，同时反映资源的投入与使用、付出与回报、损失与收益。复式记账软件的应用可以为我们完成这些工作，还包括创立那些提供给终端用户的财务报告。所以，在这里不必深入复式记账的细节，以及过多与科技创业者不太相关的底层细节。你需要了解的只是财务报表的形式，因为你需要使用它们来进行沟通和评价有价值的信息。因此，本章我们将讨论以下内容：

- 如何将财务控制过程与关键财务报表相联系；
- 资产负债表的结构及其表达的信息；
- 利润表如何报告利润情况；
- 如何利用现金流量表管理现金。

三份重要报表

让我们从会计等式和不同种类的财务报表入手，以便对创业公司的财务状况和业绩的总体情况有所了解。根据企业的会计工作流程可以得到三个基本的财务报表：

- 资产负债表；
- 利润表；
- 现金流量表。

大部分企业都会在每年年末编制财务报表（年报）。但是，一家企业应当有能力在任何时间对自身财务状况做出准确判断，因此，这些报表需要一直定期提供而不仅仅是在每年年末。

资产负债表

资产负债表（balance sheet）报告企业的投资与融资活动，它反映特定时间点企业的财务状况（通常是在会计年度结束时）。资产负债表告诉我们企业所拥有的资源和承担的义务，即资产和负债。两者的差额就是所有者权益（即股东的权益）。资产与负债之间的关系可以用资产负债表等式来表示：

资产 = 负债 + 所有者权益

等式的左边代表企业所拥有的资源，这些资源包括企业拥有的现金、设备、建筑物、土地、办公设备等。等式的右边代表这些资源的来源。它告诉我们，企业拥有的资源要么从企业外部借入，要么由企业所有者提供。展示等式的另一种方式如表4–1所示，这张表告诉我们，企业资源一部分是所有者的，而另一部分是其他人可以要求的。

表4–1 资产和对资产的要求权

资　产	资产的要求权
企业所拥有的资源	负债：企业承担的债务 所有者权益：所有者的要求权

只要企业的记录完整，会计等式就始终成立。等式的左边应当等于右边，因为企业的每一笔交易都至少通过企业的两个会计科目进行记录（因此成为复式记账）。

那么，资产、负债和所有者权益究竟是什么呢？

- 资产是企业所拥有的、预期会给企业带来经济利益的资源。
- 负债包括企业承担的债务和义务。
- 所有者权益是所有的剩余权益，以及由企业所有者提供的资金。只有当企业的资产大于负债时，所有者才能享有真正的财务利益。所有者权益是由企业的实收资本、利润留存和利润再投资形成的储备。因此，所有者权益是储备和资本之和。

下面，我们将对每一项内容进行详细讨论。

在资产负债表中报告具体的科目时，我们必须设定一些假设。例如，我们也许有能力就现金提供相当准确的价值，但土地价值的衡量就更加复杂了。资产负债表存在局限性，但它能让我们很好地了解企业在特定时点的财务状况。当我们想要计算出一家公司的运营业绩与资产、负债和所有者权益的比值时，它是有用的。资产负债表告诉了我们企业的财务状况，但它不能告诉我们的是企业到达这一状态的过程。

资产负债表中的资产具有如下一些重要的特征。

- 一项资产能够在短期或可预见的未来带来经济利益。这意味着资产将为企业带来现金的流入，或者是现金流出的减少。当被用于企业的经营时，一项资产可能为企业创造货币价值，如被租用或出售之时。
- 只有当企业对资源拥有排他性的权利时，该资源才能被确认为资产。
- 使企业对经济资源拥有权利的交易或事项必须已经发生。预期在未来发生的交易或事项不能创造今天的资产。

尽管一家企业拥有的资产的具体种类取决于企业的业务本质，但资产负债表中常见的资产包括如下四类。

- 非实物资源，如现金和应收账款。
- 实物资源，如土地、建筑物、机器和设备。
- 无形资源，如专利、商标、商誉和版权。
- 投资，如股票和债券。

资产负债表通常将最具流动性的项目（从现金开始）列在最前面，其次是流动性次之的项目。我们所指的流动性是指企业承担义务的能力，而这通常暗指现金及现金等价物。

表 4–2 展示了亚马逊网在 2014 年和 2015 年 12 月 31 日的资产负债表。

表 4–2　亚马逊公司：2014 年和 2015 年 12 月 31 日资产负债表

亚马逊公司合并资产负债表 （单位：亿美元，每股数据除外）	12 月 31 日	
	2015	2014
资产		
流动资产：		
现金及现金等价物	158.90	145.57
有价证券	39.18	28.59
存货	102.43	82.99
应收账款净额及其他	64.23	56.12
总流动资产	364.74	313.27
土地和设备净值	218.38	169.67
商誉	37.59	33.19
其他资产	33.73	28.92
总资产	654.44	545.05
负债和所有者权益		
流动负债：		
应付账款	203.97	164.59
应付费用及其他	103.84	98.07
预收账款	31.18	18.23
总流动负债	338.99	280.89
长期负债	82.35	82.65
其他长期负债	99.26	74.10
承诺和或有事项（注释 7）		
所有者权益：		
优先股，面值 0.01		
核定股数：500		
总发行股数：无	–	–

（续表）

亚马逊公司合并资产负债表 （单位：亿美元，每股数据除外）	12 月 31 日 2015	2014
普通股，面值 0.01：		
核定股数：5 000		
已发行股数：471 和 488		
流通在外的股份：471 和 465	5	5
库存股	(18.37)	(18.37)
资本公积	133.94	111.35
累积的其他综合损失	(7.23)	(5.11)
留有收益	25.45	19.49
总所有者权益	133.84	107.41
总负债与所有者权益	654.44	545.05
（参见合并财务报表的注释）		

资料来源：美国证券交易委员会－亚马逊公司。

负债是指企业过去的交易事项形成的义务，当负债发生时，会导致企业的资源流出。负债是除所有者之外的个人或企业对企业的要求权，例如银行贷款和应付账款。

所有者权益是企业的资产扣除负债之后，股东对企业资产享有的剩余权益。因此，所有者权益等于资产减去负债，代表所有者对企业的权利。所有者提供给企业的资金就是对企业的要求权，但请记住，所有者权益包括两个部分：资本和储备。资本是所有者交付给企业的原始金额。储备（又被称为留存收益）是对企业过去利润进行再投资或留存获得的所有者权益。

现在，让我们更深入地了解资产负债表的这些组成部分。

资 产

资产的类型有两种：流动资产和非流动资产。流动资产是我们希望在未来 12 个月内使用或变现的资产，因此它们不会被长期持有。

流动资产

最常见的流动资产是现金及现金等价物、短期投资或有价证券、应收账款［在英国被称为“借方”（debtor）］、存货［在英国被称为“库存”（stock）］和预付账款。

现金及现金等价物

这是最具流动性的资产，包括但不限于现金、银行存款、可转让票据、汇票和银行汇票。现金是企业短期购买力的最终衡量标准，其最主要的特征就是具有完全的流动性，即可以立即转化为现实的购买力。现金等价物是持有期限非常短的证券（不超过 3 个月），可以获得一些利息收入。

短期投资

短期投资又被称为有价证券。企业购买这些证券并不是为了长期持有，因此它们不同于固定资产投资。短期投资包括企业购买、持有并将在短期内出售的证券，以期从短期价差中获得收益。大额可转让定期存单（CDs）、短期国债和商业票据都属于短期投资。大额可转让定期存单由商业银行发行，短期国债则由政府发行，而商业票据通常由大型的优质企业发行。企业购买这些有价证券是因为它们几乎没有风险且期限非常短（不超过 180 天）。

应收账款

企业已经提供了产品或服务后，应向消费者收取而消费者暂未支付的款项。企业通常预计在未来的30～60日内收到款项。一家有应收账款的企业，应当先将其确认为收入。

存　货

存货是指企业持有以备出售的产品，或购买用于生产产品的商品。纯粹的数字企业可能完全没有存货（见表4–3脸书网的合并资产负债表）。如果企业有存货，则可能以三种形式出现——前两种是制造业产品中常见的形式。

- 原材料：企业购买或储存的用于生产的存货。原材料的总成本等于将产品从供应商送到公司仓库的成本，包括运输成本。
- 在途物资：部分完成的存货——比原材料更进一步，但还不能交付给消费者。
- 产成品：生产过程最后阶段的存货，即已经完成生产的产品，可以交付给消费者。产成品的成本包括购买的原材料、生产过程中使用的零件、组装产品的人工及所有增加产品价值的支持性支出。

预付账款

为商品或服务提前支付的项目，它们在企业实际收到、使用或消费之前被列为资产，一个常见的例子是保险。在实际消费发生时它们就会变为支出。

表 4-3　脸书公司：2014 年和 2015 年 12 月 31 日合并资产负债表

脸书公司合并资产负债表 （单位：亿美元，每股收益除外）	12 月 31 日	
	2015	**2014**
资产		
流动资产：		
现金及现金等价物	49.07	43.15
有价证券	135.27	68.84
应收账款，分别扣除 2015 年 12 月 31 日坏账准备金 68 和 2014 年 12 月 31 日坏账准备金 39	25.59	16.87
预付费用和其他流动资产	6.59	5.13
总流动资产	216.52	133.90
土地和设备净值	56.87	39.67
无形资产，净值	32.46	39.29
商誉	180.26	179.81
其他资产	7.96	6.99
总资产	494.07	399.66
负债和所有者权益		
流动负债：		
应付账款	1.96	1.76
应付合伙人账款	2.17	2.02
应计费用及其他流动负债	14.49	8.66
递延收入和订金	0.56	0.66
资产租赁合同中的流动部分	0.07	1.14
总流动负债	19.25	14.24
资产租赁合同中的非流动部分	1.07	1.19
其他负债	31.57	23.27
总负债	51.89	38.70
承诺和或有事项		

（续表）

脸书公司合并资产负债表（单位：亿美元，每股收益除外）	12 月 31 日	
	2015	2014
所有者权益：		
普通股，面值 0.000 006。50 亿 A 股核定股本，2014 年 12 月 31 日，已发行的股份为 22.34 亿股，其中包括 1 300 万用于回购的股票；2015 后 12 月 31 日，已发行的股份为 22.93 亿股，其中包括 800 万用于回购的股票。41.41 亿股 B 股核定股本，2014 年 12 月 31 日，已发行的股份为 5.63 亿股，其中包括 600 万股用于回购的股票；2015 年 12 月 31 日，已发行的股份为 5.52 亿股，其中包括 300 万股用于回购股票。	–	–
资本公积	348.86	302.25
累积的其他综合损失	(4.55)	(2.28)
留存收益	97.87	60.99
总所有者权益	442.18	360.96
总负债和所有者权益	494.07	399.66

资料来源：美国证券交易委员会－脸书公司。

非流动资产

非流动资产是企业用于持续经营的资产。企业通常会持有这些资产超过一年的时间，持有的目的是创造财富而不是用于再出售。非流动资产主要有四种：长期投资、固定资产（有形的和无形的）和长期应收款。

长期投资

企业基于战略控制目的而持有的投资。当企业计划在一年内处置该类资产时，它们就转变为短期投资。长期投资可能包括债券、普通股、养老基金投资、对子公司或关联企业的投资。

固定资产

企业所拥有的、计划持有一年以上的、用于企业持续经营的资产。固定资产主要包括有形资产和无形资产两类。

- 有形资产：企业所拥有的并用于持续经营的资产，预计使用寿命超过 1 年以上。有形资产主要有四种：
  ——土地及建筑物：指土地、工厂、仓库及公司所有的其他建筑结构。
  ——机动车辆：卡车和公司所有的小汽车。
  ——固定装置及设备：办公设备、家具和设备、IT 系统和硬件及其他支持企业运营的有形资产。
  ——机器与设备：企业用于生产和业务经营的机器与设备。
- 无形资产：我们无法看见、触摸或进行物理测量的资产。无形资产的种类很多，如专利、知识产权、版权和商誉。一项无形资产可能通过购买获得，也可能来自对未来产生收益的资源的支出。当一家企业收购了另一家企业，收购方通常会支付比被收购方的单笔资产更多的金额。多支付的金额就被称为商誉，企业基于被收购方的员工技能、良好的消费者关系等而支付该金额。无形资产发生的贬值则被称为摊销（参见下文）。

长期应收款

长期应收款是消费者对企业形成的债务，其偿还期限在一年以上。

负 债

与资产相同，我们将资产负债表中的负债分为流动负债和非流动负债。流动负债是企业对第三方形成的债务，预计在一年内偿还。流动负债包括应付账款［在英国被称为“贷方”（creditor）］、应付工资、应计利息、贷款中的短期部分、利息和股息。

流动负债

流动负债主要包括如下四种。

应付账款

应付账款是指企业已接受供应商提供的商品或服务，但暂未支付而形成的债务，即企业是以信用对这些商品或服务进行的支付。

应付票据

该项目表示企业从商业银行或其他贷款人获得的尚未偿还的借款（偿还期限为一年以内）。

其他流动负债

这是指既不能归类为应付账款，也不能归类为应付票据的流动负债。它们通常是因为企业接受了服务但尚未支付而发生，并产生应计利息。由于它们与交易的商品无关，因此不同于应付账款。此类应计利息的例子包括企业员工的应付工资，以及随时发生的由外部提供的专业服务而需支付的费用，如电话、照明、取暖或宽带服务。

长期负债中的流动部分

指长期负债中企业必须在一年内支付的金额。该项目包括原始期限在一年以上但现在需要在一年内进行支付的负债。

非流动负债

非流动负债是指将在一年之后偿还的负债。该项目包括债券、抵押贷款、长期票据及金融机构或长期债权人提供的长期贷款。

所有者权益

如前文所述，所有者权益是资产与负债之差。我们也把它称为企业的净资产或净值。当企业采取公司的形式时，所有者自身就是股东，他们的所有者权益被称为股东权益。不同的股东可能对企业的权益拥有不同的优先等级，表现为股份的类别和具有的选择权。所有者权益分为资本和流动收益两部分。

资　本

所有者初始交付给企业的金额即为股本。实收股本或实收资本是企业的股东资金投入的总额。表 4-4 和表 4-5 列示了斯川塔斯（Stratasys）公司的资产、负债及所有者权益的分类，该公司是一家提供 3D 打印解决方案的跨国公司。

留存收益

企业获得的利润中企业所有者进行再投资的部分即为留存收益。

利润中被分配给股东的部分被称为股息。

表 4-4 斯川塔斯公司 2014 年和 2015 年 12 月 31 日资产负债表

斯川塔斯公司合并资产负债表

（单位：万美元）

12 月 31 日	2015	2014
资产		
流动资产		
现金及现金等价物	25 759. 2	44 214. 1
短期银行存款	57. 1	59. 5
应收账款净额	12 321. 5	15 080. 6
存货	12 365. 8	12 338. 5
销售类租赁净投资	1 170. 4	817. 0
预付费用	846. 9	793. 1
递延所得税	–	2 569. 7
其他流动资产	2 186. 4	3 790. 3
总流动资产	54 707. 3	79 662. 8
非流动资产		
商誉	38 385. 3	132 350. 2
其他无形资产净值	25 246. 8	59 790. 3
土地、厂房及设备净值	20 193. 4	15 703. 6
销售类租赁净投资 – 长期	1 778. 5	1 482. 2
递延所得税和其他非流动资产	1 124. 3	921. 6
总非流动资产	86 728. 3	210 247. 9
总资产	141 435. 6	289 910. 7

资料来源：Investors. stratasys. com。

表 4–5　斯川塔斯公司：2014 年和 2015 年 12 月 31 日资产负债表的负债与所有者权益

斯川塔斯公司
（单位：万美元，股份数除外）

负债与所有者权益	**2015**	**2014**
流动负债		
应付账款	3 902. 1	3 735. 9
短期负债	–	5 000. 0
应计费用和其他流动负债	3 131. 4	3 451. 4
应付薪酬及相关福利	3 405. 2	4 233. 2
应纳所得税	1 139. 5	1 324. 6
与收购相关的负债	463. 6	2 809. 2
递延收益	5 230. 9	4 502. 3
总流动负债	17 272. 7	25 056. 6
非流动负债		
与收购相关的负债 – 长期	435. 4	2 646. 1
递延所得税负债	1 604. 0	5 583. 5
递延收益 – 长期	762. 7	594. 6
其他非流动负债	2 242. 8	2 509. 1
总非流动	5 044. 9	11 333. 3
总负债	22 317. 6	36 389. 9
承诺与或有事项（见注释 10）		
可赎回的非控股权益	237. 9	296. 9
所有者权益		
普通股，每股面值 0. 01 新谢克尔核定股本 1. 8 亿股，2014 年 12 月 31 日和 2015 年 12 月 31 日份数分别为 5 092. 3 万股和 5 208. 2 万股	14. 1	13. 9
资本公积	260 595. 7	256 814. 9
累积的其他综合损失	（1 077. 4）	（367. 4）

（续表）

斯川塔斯公司 （单位：万美元，股份数除外）		
负债和所有者权益	**2015**	**2014**
累积亏损	(140 670.6)	(3 387.1)
归属于斯川塔斯的所有者权益	118 861.8	253 077.0
非控股权益	18.3	46.9
总所有者权益	118 880.1	253 123.9
总负债与所有者权益	141 435.6	289 910.7

资料来源：Investors. stratasys. com。

值得注意的是，当我们编制资产负债表时，由于需要做出一些主观评价和估计，表中的数据将反映估计的信息。例如，当计算折旧和摊销时，我们会对资产的使用寿命进行估计。不同的计算方法和估计将对资产损失的价值做出不同的评价。同时，尽管企业认为有些项目非常有价值，但这些项目也不会出现在资产负债表中。人力资源的价值、在创业公司拥有股份的风险投资公司的声誉和品牌忠诚度对科技公司而言都非常重要，但它们并没有被纳入资产负债表。除此之外，资产负债表中的项目通常没有反映其真实的市场价值，而是普遍以历史成本的方式记录。因此，资产负债表是有用的工具，但我们应当注意其局限性。现在，让我们来看看第二份关键的财务报表——利润表。

利润表

利润表（也被称为经营成果表或收益表）显示了企业在一段时间内的收入减去支出的情况。该表展示了企业盈利（或亏损）的情况。资产负债表仅仅针对企业某一个时点的财务状态，而不是一段时间的状况，而这一点是资产负债表与利润表之间的关键区别。企业可以选择报表涵盖的时间区间，可以是一年或更短的时间。表 4–6 展示了亚马逊公司 2014 年和 2015 年两年截至 12 月 31 日的利润表。

表 4–6　亚马逊公司：2014 年和 2015 年 12 月 31 日合并经营数据报表

亚马逊公司合并运营数据表 （单位：亿美元，每股数收益外）	截至 12 月 31 日 2015	2014
净产品销售收入	792.68	700.80
净服务销售收入	277.38	189.08
总净销售收入	1 070.06	889.88
营业费用（1）：		
销售成本	716.51	627.52
物流配送	134.10	107.66
市场营销	52.54	43.32
技术与内容	125.40	92.75
管理费用	17.47	15.22
其他营业费用（收入），净额	1.71	1.33
总营业费用	1 047.73	888.10
营业收入	22.33	1.78
利息收入	0.50	0.39
利息支出	(4.59)	(2.10)
其他收入（支出），净额	(2.56)	(1.18)
总非营业收入（支出）	(6.65)	(2.89)
所得税前收入（支出）	15.68	(1.11)
备付所得税	(9.50)	(1.67)
权益法确认的投资活动，税后	(0.22)	0.37
净收入（亏损）	5.96	(2.41)
基本每股收益	1.28	(0.52)

（续表）

亚马逊公司合并运营数据表 （单位：亿美元，每股数收益外）	截至 12 月 31 日	
	2015	**2014**
稀释每股收益	1.25	(0.52)
用于计算每股收益的加权平均股份		
基本	4.67	4.62
稀释	4.77	4.62
（1）包括的股权激励如下：		
物流配送	4.82	3.75
市场营销	1.90	1.25
技术与内容	12.24	8.04
管理费用	2.23	1.93

资料来源：美国证券交易委员会—亚马逊公司。

利润表总结的关系如下：

收入 - 支出 = 利润

收入是指利润表所涵盖的会计区间内企业经济利益的增加值，其表现形式为经济利益的流入、资产的增加及由负债的减少而引起的所有者权益的增加。相反，支出则是指所涵盖的会计区间内企业经济利益的减少值，其表现形式可能是经济利益的流出资产的折耗及由负债的增加而引起的所有者权益的减少。

企业家、投资者和债权人（包括现在的和潜在的）都使用利润表来追踪企业的收入和支出。这意味着，利润表能够在一定的时间段内监控创业公司的表现。企业的净收入或所创造的利润代表了企业对借入和投入资金的使用情况。它同样也意味着，我们可以比较企业在不同时间段内的表现，或是与其他企业进行比较。当然，当投资者决定如何进行投资时，这一点非常重要。

收付实现制与权责发生制

有两种主要的方法来追踪企业的收入与支出：收付实现制和权责发生制。这两种方法的主要区别在于交易发生时如何进行记录。权责发生制是我们在监管报告（如归档文件和税务报告）中必须使用的一种方法。当采用权责发生制作为会计准则时，我们在获得收入时予以确认收入（如工作完成或产品销售时），而在支出产生时予以确认支出（如下达订单时）。另一方面，在收付实现制下，我们在实际收到现金时才对收入予以确认。同样地，在实际支付现金时才对支出予以确认。

举个例子，为了生产 3 000 单位的产品，你可能购买了 3 000 英镑的材料并付出 3 000 英镑的人工费用，而且全部以现金支付。如果你采用收付实现制，你的支出将是 6 000 英镑（每单位产成品为 2 英镑）。但是，如果你采用权责发生制，只有当你已经在同期出售了所有的产成品，支出才会是 6 000 英镑。假设你以每件 10 英镑的价格出售了 1 000 件产成品，那么权责发生制下的利润为 1 000 ×10 英镑 = 10 000 英镑，减去 1 000 ×2 英镑 =2 000 英镑（因为支出只针对已经出售的部分，而不是所有生产的产品）。这样，企业的利润是 8 000 英镑（只要没有发生其他支出）。

此外，如果出售的产品一半是以现金支付，另一半则是赊销，那么你仍然需要记录 1 000 单位产品获得了 10 000 英镑的总收入。这意味着，利润表的总销售收入金额最终将不同于销售中实际收到的现金数额。对于已经生产但尚未销售的 2 000 单位产品，资产负债表（而不是利润表）中的数额为 2 000 ×2 英镑 =4 000 英镑。当将来某个时期出售这些产品时，收入和与之匹配的支出将在它们实际创造利润时才被记录。

小型企业在初始阶段通常采用收付实现制，但随着企业规模的扩大，它们会转换为权责发生制。对科技创业公司而言，投资者与债权人通常希望看到企业采用权责发生制的财务报表，因此，科技创业公司最好从一开始就采用权责发生制。

利润表的构成

利润表的组成部分取决于企业活动的复杂程度，然而大部分企业的利润表中通常会包括以下组成部分。

营业科目

在营业部分，内容包括营业收入、产品销售成本、销售与管理费用、研发支出和折旧费用。

- 营业收入：营业收入（或销售额、营业额）是资产的增加（或负债的减少），它们代表会计年度内企业向消费者提供的产品和服务的货币价值。消费者或支付现金，或承诺在将来进行支付（这种情况下，我们将对应的数额记录在资产负债表中的应收账款项目下）。
- 产品销售成本：产品销售成本也被简称为销售成本，是资产的减少（或负债的增加），它们源于企业向消费者生产或交付的产品、提供的服务或者所开展的企业主要业务活动。我们在利润表中报告产品销售成本时，也同时报告产品获得的销售收入。零售商产品销售成本的主要组成部分是采购成本。同时，在商品存货处于可供出售状态之前也可能产生其他成本（如从供应商处获得产品的运输成本）。一个期间被购买的商品就是下一期间待出售的存货。

让我们想象一下这在书店运营中是如何体现的。书店从出版社购入图书并同时记录了这批图书的购买价格和运输费用，将二者之和记录为资产负债表中的存货，直到该图书售出。当图书售出时，书店将其从存货中转出，记录为产品销售成本。这对于书店一类的零售商来说非常简单，而对于不仅要零售产品还要制造产品的企业而言，情况就更为复杂，因为它们还需要考虑制造产品的成本。这些成本包括材料、人工及制造费用。我们将产品销售成本计为期初库存（opening inventory，会计期间开始时的库存）成本加上净采购（net purchases）成本（或是制造商的生产成本）减去期末库存（closing inventory，会计期间结束时的库存）成本。

科技公司主要与科技产品相关，我们将考查这一特征如何反映在利润表中。表4-7展示了脸书网2014年和2015年两年截至12月31日的利润表。

表4-7　脸书网公司：2014年和2015年12月31日合并利润表

脸书公司合并利润表 （单位：亿美元，每股收益除外）	截至12月31日	
	2015	**2014**
收入	179.28	124.66
成本与支出：		
收入成本	28.67	21.53
研究与开发	48.16	26.66
营销与销售	27.25	16.80
管理费用	12.95	9.73
总成本与费用	117.03	74.72
经营收入	62.25	49.94
利息及其他收入（支出），净值	(0.31)	(0.84)
所得税前收入	61.94	49.10
备付所得税	25.06	19.70

（续表）

脸书公司合并利润表（单位：亿美元，每股收益除外）	截至 12 月 31 日	
	2015	**2014**
净收入	36. 88	29. 40
减去：源于证券投资的净收入	0. 19	0. 15
源于 A 股和 B 股普通股股东的净收入	36. 69	29. 25
源于 A 股和 B 股普通股股东的每股收益		
基本每股收益	1. 31	1. 12
稀释每股收益	1. 29	1. 10
用于计算源于 A 股和 B 股普通股每股收益的加权平均股份：		
基本	28. 03	26. 14
稀释	28. 53	26. 64
成本与支出中包含的股权激励计划：		
收入成本	0. 81	0. 62
研究与开发	23. 50	13. 28
营销与销售	3. 20	2. 49
管理费用	2. 18	1. 98
总股权激励支出	29. 69	18. 37

资料来源：美国证券交易委员会—脸书公司。

- 销售费用与管理费用（selling, general and administrative expenses，缩写为 SG&A）：此类费用是指不被计入销售成本的运营支出。这些支出并不直接与企业的产品或服务相关，而是用于企业的管理和一般性的经营管理活动。SG&A 包括行政和办公人员的工资、法律费用、公用事业的付款（通常称为间接成本）、保险、办公楼及办公设备的折旧、办公用品、日常用品、销售人员工资、销售佣金、广告费、销售设备的运费和折旧。

- 研发（research and development，缩写为 R&D）支出：此类费用通常反映在经营活动部分。很多企业都认为研发支出与企业未来的收入与盈利能力直接相关。例如，亚马逊和脸书网的利润表就显示有大量的研发支出。
- 折旧费用：请记住，财务报告以历史成本为基础。因此，当企业购买实物资产并在资产负债表中将其记录为固定资产时，一般指的是它的历史成本而非当前的成本。

我们希望利用企业长期持有的资产来反映其有效的经济寿命。在企业有效的经济寿命结束时，可能存在部分剩余（残余）价值——一般认为是可出售的价格。在一笔资产的有效经济寿命内，其资产负债表中的价值应当逐渐减少到残值。我们将减少的部分称为“折旧”。有效经济寿命内的每一个年度，我们都需要在利润表中注明折旧费用的金额。把折旧作为对资产消耗的一种衡量非常有用。当我们采用权责发生制时，我们还需要就其所产生的收入匹配一定比例的资产使用成本。如果企业购买了一项资产，如机器，那么企业在该年度的利润就会因为资产的成本而减少，导致当年的利润被低估。同样，伴随着机器在以后年份中的使用，由于其支出已经全部反映在第一年的支出中，以后年份的利润将被高估。当我们把每一年的财务报表汇总到一起时，我们就必须要反映出按照日期计算的折旧费用，将其从资产的原值中扣除。

请记住，资产负债表（不同于利润表）反映了企业在某一特定时点的财务状况。因此，在资产负债表中，账面净值是指原值（购买机器所支付的价格）与累计折旧（截至目前的消耗）之差。累计折旧是自购买之日起的折旧费用的总和。当机器使用了 3 年时，假设其价值每年递减，那么它的折旧就是3年里所减少的价值的总和。针对特定期间的利润表，折旧费用的数额是指报告期间发生的折旧费用。但是，在资产负债表中，折旧费用的数额是指累计的折旧费用，并且我们将此部分费用从固定资产成本中扣除。

常用的折旧方法有两种：直线法和余额递减法。企业通常选择其中一种来计算折旧。直线法，即固定资产经济利益实现的方式在预计的使用年限内保持不变。因此，它在预计使用的年限内以一种平均的速度消耗。而余额递减法则假定固定资产大部分的预期经济利益均在企业寿命的前期实现。也就是说，企业在前期消耗更多，而在后期消耗更少。

非营业科目及其他

在利润表的非营业部分，我们将看到以下内容。

- 营业外收入与营业外支出：企业主营业务之外的其他经营活动，或企业的次要经营业务而非主要经营业务（如租金、专利使用费）带来的收入与利得。它也有可能包括企业不常见的、不经常发生的利得与损失（如证券和固定资产的出售）。

利润表还包括其他特殊事项，我们需要单独予以报告，因为这些事项在下一年度很可能不会发生。通常，我们在税后报告这些事项，如终止经营、非经常性项目及会计政策变更的累积效应。

- 终止经营：这是最常见的特殊事项。终止经营是指企业处置能够单独进行区分的业务。该项业务的资产与运营必须独立于企业其他业务的资产与运营。值得注意的是，对于科技创业公司，转换营业地点、暂时停止产品生产或由于技术进步导致的其他变化不属于终止经营。

- 非经常性项目：显著区别于与企业日常活动的、偶发性的重大事项。确认非经常性项目需要同时满足不常见（异常的）和不频繁两个条件。例如，不可预见的自然灾害、新政策下的征收与禁止等。
- 会计政策变更的累积效应：当企业决定采用新的政策时，通常会出现企业会计政策的变更。变更带来的所有影响都必须反映在利润表中，列示在非经常性项目之后。折旧方法的变更就是会计政策变更的一个例子。

股东也希望从利润表中获得明确的信息，以判断自己所投资项目的业绩。

- 每股收益：企业需要在利润表中报告每股收益。每股收益是企业表现的一项重要指标，可以用来比较不同企业的收入。如果企业未来要发行更多的股份，则每股收益会被稀释（降低）（我们将在第五章对此进行考察）。每股收益的计算方法如下：

  每股收益 =（净收入 – 优先股股息）/发行在外的普通股股数

对投资者和债权人而言，利润表是非常有用的分析工具，可以帮助他们考察企业过去的表现并思考未来可能的发展方向。但我们必须记住，利润表和资产负债表一样，自身也有缺点：在编制利润表时，我们需要使用一些主观评价和估计。例如，我们必须估计一笔资产（如一台机器）的预计使用年限才能计算其折旧费用。不同的折旧方法和估计会计算出不同的利润。但是，投资者总是会将注意力集中在“企业的盈亏”上，并年复一年地将其作为企业表现的关键指标。

最后，让我们来看看企业的第三个关键财务报表——现金流量表。

现金流量表

现金流量表展示的是企业的现金流入与流出。它反映企业一定期间内所有经营、投资和融资活动的现金流。它帮助我们计算相对于其他项目的变化，进而影响资产负债表中的现金项目。现金项目的变动通常不等于净收入的变动。这是因为企业的收入并不总是等于收到的现金，而企业的支出也不会总是等于企业实际支付的现金（前面的例子就说明了这种情况）。

此处我们所指的现金包括持有的任何纸币和硬币，以及企业可以随时取现的银行存款（或类似机构的存款）。而我们所称的现金等价物则是具有高流动性的投资，企业可以便捷地将其转换为现金且只有微不足道的价值变动风险。企业倾向于持有现金等价物来满足短期的现金需求，而不是持有其他类型的投资或出于其他目的。这些投资的到期期限通常为购买后的 3 个月或更短。正如前面所提到的，现金等价物包括货币市场基金、国库券和大额可转让定期存单等。由于现金等价物与现金非常接近，因此企业通常将它们计入现金流量表中的同一个项目。亚马逊公司 2014 年和 2015 年 12 月 31 日合并现金流量表如表 4-8 所示。

表 4-8　亚马逊公司：合并现金流量表

亚马逊公司合并现金流量表 （单位：亿美元）	截至 12 月 31 日	
	2015	**2014**
期初现金及现金等价物	145.57	86.58
经营活动：	5.96	(2.41)

（续表）

亚马逊公司合并现金流量表 （单位：亿美元）	截至 12 月 31 日	
	2015	**2014**
净收入（损失）		
调整与经营活动产生的净现金流相关的净收入（亏损）：		
土地和设备的折旧，包括供内部使用的软件和网页开发及其他摊销，包括资本化的内容成本	62.81	47.46
股权激励计划	21.19	14.97
其他运营支出（收入），净值	1.55	1.29
出售有价证券的损失（收益），净值	5.00	(3.00)
其他支出（收入），净值	2.45	0.62
递延所得税	0.81	(3.16)
股权激励产生的超额税收收益	(1.19)	(0.06)
运营资本变动：		
存货	(21.87)	(11.93)
应收账款，净值	(17.55)	(10.39)
应付账款	42.94	17.59
应计费用及其他	9.13	7.06
预收收入的增加	74.01	44.33
前期预收收入的摊销	(61.09)	(36.32)
经营活动产生的净现金流	119.20	68.42
投资活动：		
购买土地与设备，包括供内部使用的软件和网页开发，净值	(45.98)	(48.93)
净收购，净现金流入及其他	(7.95)	(9.79)
其他有价证券的出售和到期	30.25	33.49
购买有价证券	(40.91)	(25.42)

（续表）

亚马逊公司合并现金流量表（单位：亿美元）	截至 12 月 31 日 2015	2014
投资活动产生的净现金流	(64.50)	(50.65)
融资活动：		
股权激励产生的超额税收收益	1.19	0.06
长期债务及其他产生的收益	3.53	63.59
长期债务及其他的偿还	(16.52)	(5.13)
资本租赁负债本金偿还	(24.62)	(12.85)
融资租赁负债本金偿还	(1.21)	(1.35)
融资活动产生的净现金流	(37.63)	44.32
外汇效应对现金及现金等价物的影响	(3.74)	(3.10)
现金及现金等价物的净增加（减少）	13.33	58.99
期末现金及现金等价物补充现金流信息：	158.90	145.57
用于支付长期债务利息的现金	3.25	0.91
用于支付资本和融资租赁负债利息的现金	1.53	0.86
用于支付所得税的现金	2.73	1.77
资本租赁获得的土地和设备	47.17	40.08
定制建造租赁模式下获得的土地和设备	5.44	9.20

资料来源：美国证券交易委员会－亚马逊公司。

现金流是即企业现金的流入与流出——它不同于企业获得的利润。现金流量表告诉我们企业如何获得自身所需的现金来为其经营活动提供资金支持，以及企业如何通过关注年度的现金流变化来实现这一过程。换言之，现金流的含义是：

期初现金余额＋现金流入－现金流出＝期末现金余额

对科技创业公司而言，现金流量表的确非常有用，因为这些内容帮助我们了解现金的来源及去处。正如我们所看到的，当编制资产负债表和利润表时，通常都是采用权责发生制。这意味着我们需要将收入与创造收入的支出相匹配。但是，这种方法不能揭示出取得现金的方式和来源。这就是为什么现金流量表如此重要的原因，因为它向企业、投资者和债权人者提供了“方式”和“来源”的答案。同时，它还告诉我们企业现金流入和流出的状况，而不为那些与现金收付没有直接影响的交易而烦恼。

现金流量表将现金的变动划分为三类：

- 营业活动产生的现金流；
- 投资活动产生的现金流；
- 融资活动产生的现金流。

现金流量表帮助我们在以下方面做出评价：

- 企业未来创造正现金流的能力，以及实现这些目标的时间和数量；
- 一家企业如何偿还债务、支付股息及是否需要进行外部融资；
- 净收入与现金收付存在差异的原因；
- 基于现金、非现金投资及金融交易的角度，一家企业金融头寸的状况如何。

显然，净收入是企业经营状况的一个重要衡量标准。但是，它没有向我们揭示企业偿还债务的能力，即企业获得现金的能力。这是由于大量的收入与支出的交易并不会对现金流产生直接的影响。因此，现金流与收入在衡量企业的能力方面有不同的方式。我们应当记住，我们能够从现金流量表中获得的信息是对利润表信息的一种补充。它帮助我们判断，当需要通过调整现金流的金额与期限来应对意外事件时，企业是否能够恰当地应对。所以投资者将现金流量表作为信息的关键组成部分就不足为奇了，因为现金对于企业的生存非常重要。企业在债权结算中更偏好现金，而我们也必须向员工和供应商支付现金，至少其中一部分金额必须是现金支付。我们需要使用现金来为工厂和设备的资本性支出及企业的扩张支付利息与股息，并按要求偿还债务。一家企业可能在盈利的状态下同时面临着真实的现金流问题。一家成功的创业公司必须知道如何积极地管理自身的现金流。创业公司的失败通常不是因为它们没有盈利，反而恰恰是因为将销售额转换为现金存在滞后，它们因此无法获得现金以及时支付债务。而当企业逐渐成长并成功地开展经营活动时，来自经营活动的现金便成为企业长期业务运营的重要来源。

编制现金流量表有两种方法：直接法和间接法。当我们采用直接法时，针对每一种类型的现金流入和流出单独填列项目金额。这些项目通常对应于利润表的不同类别，例如，从消费者获得的现金对应于利润表中的销售收入。正如我们所看到的，利润表和现金流量表提供了不同种类的信息。利润表向我们展示了过去一年与消费者达成的所有交易，而无论该笔交易是否真正在当年收到现金。与此同时，现金流量表仅仅展示过去一年已经收到的现金的数量，而无论现金是来自本年度、过去年度还是未来的交易。

而如果我们使用间接法，我们就会从净收入开始（亚马逊公司的现金流量表使用了这种方法，见表4–8）。随后，我们对净收入进行调整。我们记下所有流动项目中的非现金变动，以及非流动项目中的非现金变动。然后，加上所有的折旧支出。随后我们需要减去非现金流动资产的增加。如果企业的营业活动流动负债有所增加，就需要把变动部分加到净收入中。现在，我们得到了一个数字，它揭示了从企业净收入出发的经营活动现金流。最后，我们记下所有对投资与融资活动的进一步调整。

以下是编制现金流量表需要遵循的关键步骤。

- 营业活动产生的现金流：与核心业务相关的现金流入与现金流出，如向消费者提供产品或服务。这些信息告诉我们现金对利润表中的所有典型的经常性交易产生的影响。营业活动产生现金流入的例子包括从消费者那里收取的货款、投资获得的利息或股息。而另一方面，现金的流出则可能是向员工或供应商进行的支付，或是支付利息或纳税。为了从经营活动中计算出净现金流（使用间接法），我们需要在净收入的基础上加上所有的折旧、摊销、递延税和未实现损益。
- 投资活动产生的现金流：包括为生产和销售产品而购买长期资产（如一台机器）所支付的现金，以及处置这些资产时所收到的现金。这些长期资产可以是实物资产，如建筑物、工厂和设备，也可以是企业发放的借款。我们购买财产、厂房及设备时向其他机构所借的款项，或是对其他机构进行的投资，也应当确认为现金流出。而现金流入则可能源于反向的活动，如处置财产、厂房及设备，获得贷款（不包括利息）和出售投资。
- 融资活动产生的现金流：包括获得资金和偿还资金产生的现金流。例如，当企业所有者向股东发行股票以换取现金和借款时，这些组成部分就被确认为融资活动产生的现金流入。而现金等价物的流出则是企业所有者向股东支付股息、回购股份或偿还贷款时的支付（不包括与此相关的利息部分）。

我们将所有非现金的投资与融资活动记录在现金流量表中的“附注”中。这能帮助我们更清晰地掌握报表中无法直接获取的现金流的状况。当企业进行不涉及任何现金的投资时，比如通过发行普通股来购买资产，我们就会在附注中予以记录。即使没有支付现金，这项交易也不仅仅是一项投资活动，它同时也是一项融资活动。原因在于，企业获得一项资产（非流动资产）是一项投资活动，但通过发行股票的方式来购买却被认为是一项融资活动。现金流量表的主体部分无法反映此类交易，因为交易并没有使用现金。因此，如果我们将这些交易纳入附注中，阅读现金流量表的人就可以了解企业现金流状况的全貌。

非现金融资活动可能包括：

- 为购买资产而进行的租赁业务（融资租赁）；
- 将债务转换为股权（债转股）；
- 非现金资产互换或非现金债务互换；
- 发行股票以换取资产（股权式并购的一种）。

因此，通常将这样的附注添加到财务报表中，因为它们有助于陈述和拓展报表主体部分所提供的信息。我们可以在以下事项中使用附注：

- 说明编制报表所使用的会计政策（准则）；
- 提供报表项目的详细信息；
- 部分情形下，提供企业资产及负债的其他度量。

为了帮助投资者和其他财务报告的使用者，我们应当以便于和其他企业进行比较的方式展示信息。这意味着需要遵循特定的会计准则。两个最重要的会计标准和准则分别是国际财务报告准则（International Financial Reporting Standards，缩写为 IFRS）和美国公认会计准则（Generally Accepted Accounting Principles，缩写为 GAAP）。全球已经有超过 100 个国家采用 IFRS。公开上市企业及其他公司以年报形式发布财务报表时，需要遵循会计准则。除了财务报表和附带的说明，年报还包括对当年重大事件的描述，对未来计划和战略的展望和评论，以及管理层对年度结果的讨论和分析。

那么，我们所考察的三个财务报表相互之间有何联系呢？资产负债表向我们展示了企业在某一特定时间点的资产与债权的组合；现金流量表则显示了在一段时期内现金的变化；而利润表解释了一段时期内的变化，并将这些变化与企业所有者对于资产负债表的要求联系在了一起。报表所涵盖的期间就是通常所指的会计年度。如果说每一年度的资产负债表都告诉我们某一时刻企业的状况，那么利润表就向我们展示了在两个年度的资产负债表之间的一段时间内，企业的情况发生了怎样的变化。例如，我们能够观察到，经过一系列的交易活动，企业所有者的现金（及现金等价物）债权在两个年度的资产负债表中是如何变化的，而现金流量表也同时反映了该会计期间发生的变化。利用三份财务报表展开的财务分析，将帮助你确定创业公司是否在朝着你所追求的方向和目标前进。

本章小结

我们回顾了：

- 财务报表如何与创业公司的财务控制过程相联系；
- 资产负债表告诉我们企业在特定时间点的财务状况；
- 利润表报告了企业的利润是如何产生的；
- 现金流量表帮助我们追踪企业流动性的变化。

复习思考题

1. 三个最主要的财务报表是什么？它们与创业公司的反馈循环有什么联系？
2. 哪些是你从资产负债表中可以获得，但从其他两个报表中无法获得的信息？
3. 哪些是你从利润表中可以获得，但从其他两个报表中无法获得的信息？
4. 哪些是你从现金流量表中可以获得，但从其他两个报表中无法获得的信息？
5. 你可以根据这三个报表来预测创业公司未来的业绩吗？

延伸阅读

Bamber, M and Parry, S (2014) *Accounting and Finance for Managers: A decision-making approach*, Kogan Page, London, UK.

Horner, D (2017) *Accounting for Non-Accountants*, Kogan Page, London, UK.

参考文献

Investors. stratasys. com, available at investors. stratasys. com/releasedetail. cfm? releaseid = 958614 [accessed 21. 3. 17]

US Securities and Exchange Commission-Amazon. com Inc, available at www. sec. gov/Archives/edgar/data/1018724/000101872416000172/amzn-20151231x10k. htm # sDE44A2B31082AE97A401ABB24E2245F0

[accessed 21. 3. 17]

US Securities and Exchange Commission - Facebook Inc, available at www. sec. gov/Archives/edgar/data/1326801/000132680116000043/fb-12312015x10k. htm # sD6FA04C3CA64BBD51348F313A23F6C25 [accessed 21. 3. 17]

第五章

创业公司的发展进程分析

创业公司应当采取哪种公司结构

审计人员对公司账目的评价是什么

企业所有者权益的主要构成

评价创业公司的财务表现与商业目标

关于创业公司的进度，投资者需要了解什么

我们已经在第三章讨论了科技创业公司的财务控制过程，并明确了财务控制过程的三个步骤。到目前为止，我们已经探讨了贡献分析和财务分析。现在，我们将考察财务控制过程的第三个维度：进度分析。在这里，我们关注科技创业公司如何监督企业的经营进度以调整商业目标，以及科技创业公司如何识别企业朝新的方向“转移”商业假设的时机。我们将考察如何评价企业的财务表现，以及我们应如何看待投资者。本章包括的内容如下：

- 创业公司应当采取哪种公司结构；
- 审计人员对公司账目的评价是什么；
- 企业所有者权益的主要构成；
- 评价创业公司的财务表现与商业目标；
- 关于创业公司的进度，投资者需要了解什么。

哪种公司结构最好

让我们简单地了解几种不同的创业公司的结构类型。创业公司可能以独资企业的形式创办，这种形式的企业设立的成本较低且程序简单，但存在无限责任的缺点。无限责任意味着，当企业无法偿还债务时，一切债务就都要由企业所有者个人予以承担。如果创业公司有两个及以上的所有者，那么创始人可以选择设立合伙企业。合伙人向企业提供资源并共同分配企业获得的收益。大部分合伙企业也具有无限责任，但并非全部。你可以把任何一个具有独资企业形式和合伙企业形式的企业称为公司，但在本章中，我们将只考虑具有公司制形式的公司。

在公司（公司制企业）中，董事负责管理业务，而所有者仅提供资本。这不同于真实的企业实体，公司的所有者被称为股东，他们仅对公司的债务承担有限责任。一般而言，如果他们需要承担损失，那么损失的金额不会超过他们最初投入企业的资金数额。也正因为如此，公司又被称为有限责任公司。

有限责任公司正式成立和注册后，就成为一个法律实体，具有签署合同的权利。它有权拥有、买卖和出售财产，并且有权出售股份。同时，它拥有的是公司的资源而不是所有者个人的资源。法律将公司视为独立的人，即法人，不过，即使它是一个人的集合，集合的成员也在不断变化。同时，公司的寿命与所有者和董事的寿命无关。例如，即使当前的股东出售了自己持有的股份，公司仍然作为一个不变的法律实体而存在。这也是使得公司区别于合伙企业和个人独资企业的关键特征。

部分公司的股东有投票和选举董事会成员的权利。董事会成员的职责包括：

- 任命职业经理人，让其对企业进行管理；
- 制定公司政策；
- 监督管理决策；
- 保护股东利益；

■ 分配利润。

高层管理人员经常和外部董事一起在董事会任职，这些外部董事不是公司内部的管理人员。董事会成员会进行规划决策并制定商业目标和政策。

公司的形式有两种：公众公司和私营公司。公众公司是指可以向公众出售公司股份的公司。公众公司拥有的股东人数不受限制。如果公众公司满足特定证券交易所的要求，还可以让公司的股份在股票市场中进行交易。相反，私营公司由人数相对较少的股东所有。私营公司的股东人数设有上限。相对于公众公司，私营公司受到的监管更少，但仍需符合一定的监管要求。

一家公司的总资本被划分为若干股份。一股代表对公司一单位的股东权利。需要强调的是，每股的票面价值和交易价值都是不同的。票面（或名义）价值是股票在首次发行时的价值，而交易价值则是在当前市场上购买或出售股票的价值。因此，股票的市场价值并不像票面价值那样是固定的。

规范化或“公司化”的公司有很多优点。而与个人独资和合伙相比较，公司最大的优势在于有限责任。正如我们在前面所看到的，股东对公司的债务不承担个人责任。如果公司违约或是破产，股东损失的最大限额就是他们的初始投资金额。最重要的是，股东可以定期获得股息。股息的金额将由董事会决定。当获得利润时，公司可以将其再投资于业务，或是作为股息支付给股东。像这样“规范化”的公司可以通过向投资者发行股票来筹集资金，这对创业公司来说尤其有用。

但是，公司也有一些缺点，双重征税就是其中之一。公司对利润纳税，而公司的股东也必须对所获得的任何利润纳税。尽管如此，政府设定的税率和收入方面的税收优惠政策让成立公司（或公司化）变得非常有价值。通常，一个国家会对初期的创业公司适用低税率并给予很多税收减免激励，因为政府希望鼓励小型企业和企业家的发展。但是，你也将会面临一些成本，包括法律费用和注册费用。同样值得注意的是，与合伙企业和个人独资企业相比，公司面临着更高级别的监管、合规和会计要求，而要达到审计要求，花费就可能相当大。

审计意见

公司的管理人员负责编制财务报表。公众公司的财务报表必须经过审计，而私营公司的财务报表在债权人或投资者提出要求时也会被审计。审计人员将报告公司的财务报表是否符合可接受的会计准则的要求，这类准测主要是指 IFRS 或 GAAP。审计人员将说明是否给出无保留意见（unqualified opinion）——无保留意见仅仅意味着一份报告不存在重大遗漏。案例5-1 展示了审计人员就领英公司截至2015 年12 月31 日的财务报表出具的无保留意见（根据美国上市公司会计监督委员会的标准提供）。案例5-2 展示了约玛特（Iomart）这家信息技术和云计算公司的财务报表满足国际财务报表准则的要求的无保留意见。换言之，审计人员认为，约玛特公司的财务报表真实且公允，但并不保证财务报表的正确性。审计人员只是按照专业标准，基于审计测试给出专业判断。

案例 5–1　领英公司财务报表（截至 2015 年 12 月 31 日）的审计意见摘录

第三方会计师事务所审计报告

致领英公司董事会及全体股东

加利福尼亚州，山景城

我们根据美国反对虚假财务报告委员会下属的发起人委员会发布的内部控制整体框架（2013），对领英公司及其子公司（“公司”）截至2015 年12 月31 日的财务报告内部控制进行了审计。

（续）

与财务报告内部控制的管理层报告一致，管理层未对琳达网站（Lynda. com）财务报告的内部控制进行评估，该网站于2015年5月14日被收购，截至2015年12月31日，其财务报表占净资产的1.5%及合并财务报表净收入的3.5%。因此，我们的审计范围没有包括琳达网站的财务报表。公司的管理层对维护财务报告内部控制的有效性和内部控制有效性的评估负责，包含在财务报告内部控制的管理层报告中。我们的责任是根据审计工作就公司财务报告的内部控制发表意见。

我们按照上市公司会计监督委员会（美国）的要求对公司实施了审计。这些准则要求我们计划并执行审计工作，以便为企业财务报告的内部控制在所有重大方面保持有效性获得合理保证。我们的审计工作包括了解财务报告的内部控制，评估存在重大弱点的风险，根据评估风险对内部控制的设计和操作有效性进行测试与评估，并执行我们认为必要的其他程序。我们相信，我们的审计工作能够为我们的意见提供合理保证……

我们认为，该公司在所有重大方面的财务报告内部控制是有效的。

德勤会计师事务所（Deloite & Touche LLP）
加利福尼亚州圣何塞（San Jose）
2016年2月11日

资料来源：领英公司2016年财务报表。

案例5-2 约玛特集团财务报表（截至2016年3月31日）的审计意见

约玛特集团成员第三方审计报告

我们审计约玛特集团截至2016年3月31日的财务报表，包括综合财务状况报表、合并先进流量表、合并所有者权益变动表和相关附注。报表的编制符合法律和欧洲联盟所采用的《国际财务报告准则》的要求。

董事和注册会计师的责任

董事责任声明（第35页起）对董事的责任进行了详细阐述，编制集团的财务报表并真实、公正地反映企业的财务状况是董事的责任。我们的责任是在实施审计工作的基础上，根据现行法律和国际审计准则（英国和爱尔兰）对集团的财务报表发表意见。这些标准要求我们

（续）

遵守审计实践委员会的审计人员道德规范。

财务报表审计范围

财务报表审计范围的描述参见财务报告委员会网站 www. frc. org. uk/auditscopeukprivate。

财务报表的审计意见

我们认为，该集团的财务报表：

- 真实地反映了集团 2016 年 3 月 31 日的财务状况和会计年度的经营成果；
- 已经按照欧洲联盟所采用的《国际财务报告准则》编制；
- 符合《公司法》（2006）的要求。

《公司法》（2006）规定的其他重大事项的审计意见

我们认为，在集团财务报表编制的财务年度中，战略报告中所提供的信息和董事报告中的信息与集团财务报表一致。

罗伯特·汉娜（Robert Hannah）
高级法定审计师
致同（Grant Thornton）会计师事务所代表
法定审计师、特许会计师
格拉斯哥
2016 年 6 月 6 日

资料来源：约玛特集团网站，2016。

所有者权益

现在，让我们看看企业所有者权益的不同组成部分。这对我们将在第六章探讨的企业如何融资的相关问题非常有帮助。

所有者权益由资本和留存收益组成——它们是资产与负债之间的差额。公司将所有者权益称为股东权益（如第四章所提到的）。资本与留存收益又由不同的组成部分构成。

资　本

资本（也被称为股本）是股东直接投资的数额，每单位股份代表在公司对应的利益。股份具有多种类型，不同股份持有者的权利也有所不同。

普通股

普通股份又被称为普通股。所有的公司制公司都必须有普通股份，而普通股份的持有者就是公司的所有者。我们在资产负债表中报告普通股的数量，包括普通股最初由投资者购买的数额（不是目前的市场价值，而是发行价格）。在对一家公司的资产执行了所有其他的要求权之后，普通股股东拥有剩下的一切。也就是说，对资产的其他要求权的优先等级高于普通股。普通股的股东承担了企业大部分的风险，因此他们希望从投资中获得更高的收益。他们以股息和资本利得的形式获取这些收益。资本利得来自股票价值的增加。我们曾指出，股份的市场价值可能完全不同于初始发行的价格。如果市场价值高于初始发行价格，那么股东就会获得资本利得。如果企业有可分配利润，普通股股东也有权要求获得股息，并且由他们自己批准通过。通常，一份普通股赋予股票持有者一单位的投票权。公司也常常会赋予一单位不同等级的普通股不同数量的投票权。

优先股

公司除了发行普通股，也会发行优先股。优先股持有者在公司支付股息时拥有优先权。优先股持有者通常会获得固定的股息，这是他们被承诺得到的，而这部分股息的支付先于普通股股息的支付。当公司进行清算时，优先股持有者的清偿顺序也要先于普通股持有者。同时，他们通常不会参与董事会的投票。但有例外的情况，如创业公司需要关注的重要事项出现时。我们将随后探讨这一问题。最后，在一些情况下，优先股会转换为普通股，或者公司可能会回购优先股，或是根据公司初始发行的文件取消优先股。

库存股

当一家公司回购其发行在外的股票，并持有这些股份以备将来使用时，这些股票被称为库存股（treasury share）。库存股会同时减少企业的现金和股东的所有者权益，因此在资产负债表中，我们看到库存股作为其他资本项目的备抵科目列示。公司通常基于战略目的回购股票。公司可能想“收购”某些特定的股东群体，试图根据公司战略的需要重构投票权。例如，2016 年 11 月，脸书网通过了一项将于 2017 年 1 月启动的高达 60 亿美元的回购计划。公司指出，其回购计划“与公司的资本配置策略相一致，该策略优先考虑促进公司的长远发展的投资”［布拉德肖（Bradshaw），2016］。而 2015 年 10 月，字母表公司（即谷歌的母公司）称，它将回购价值 7 019 340 976. 83 美元的 C 类股票（这个数字代表“e”的 26 次方，e 是一个等于 2. 718 28 的常数）。字母表在公司的季度收益和收入超过市场预期之后就这样做了。这次大规模的回购是为了回应来自投资者的压力，他们希望将公司的一些现金返还给股东。字母表公司公布的第三季度每股收益为 9. 06 美元，营业收入为 224. 5 亿美元。而投资者预期的每股收益为 8. 63 美元，营业收入为 220. 5 亿美元［巴拉科瑞斯南（Balakrishnan），2016］。

股本溢价

公司在成立时会发行原始股份，但公司成立之后也有可能发行更多的股份来筹集资金。在这种情况下，企业就是以溢价的形式发行股票。股本溢价仅指支付给企业的股票价格大于原始名义价格（股份上载明的价格）的部分。例如，一家公司可能以每股 17 美元的价格发行了股票，但股票的原始名义价格为每股 1 美元，那么我们将差额部分 16 美元计为股本溢价。随着时间的推移，公司的价值在不断增长并留存部分利润，因此股票的市场价值很有可能远远高于其名义价值。市场也有可能会预期到未来的利润增长，并将这些因素考虑到价格当中。股本溢价也被称为缴入资本（paid-in capital）或资本盈余（capital surplus）。在资产负债表上，我们将股本溢价单独列示在“资本”项下，但被视为资本。资本不能作为股息支付。

留存收益

正如我们在上一章所提到的，留存收益是公司过去创造的利润，而且它们被公司留存或再投资于公司——它们并不是资本所有者最初投资的那部分资金。留存收益是公司自成立以来获得的利润总和，再减去自成立以来支付给投资者的股息的总和之后的差额。对创业公司而言，留存收益是支持公司扩张或其他机遇的一项重要资金来源。未来计算期末的留存收益，我们将期初留存收益加上期间净收入，再减去期间支付的股息。

股　息

我们可以把从收益中分配的股息看作是对股东的一种回报形式，即回报他们投资的所有资本。正如我们所看到的，我们在支付股息时，对优先股股东的支付先于对普通股股东的支付。我们可以以现金或股票的形式支付股息，但现金股息是常见的方式。在利润表中，股息通常出现在报表的底部。表 5-1 展示了苹果公司在 2015 年 9 月 26

日和2016年9月24日的合并经营数据表，其中包括了每股收益和已公告股息。

表5-1 苹果公司：合并经营数据表（2015年9月26日和2016年9月24日）

合并经营数据表 （单位：亿，每股数额除外）	会计年度期末	
	2016年9月24日	**2015年9月26日**
净销售收入	$2 156.39	$2 337.15
销售成本	1 313.76	1 400.89
毛利润	842.63	936.26
运营支出		
研发支出	100.45	80.67
销售、管理费用	141.94	143.29
总运营支出	242.39	223.96
运营收入	600.24	712.30
其他净收入/支出	13.48	12.85
所得税前收入	613.72	755.15
备付所得税	156.85	191.21
净收入	$456.87	$533.94
每股收益		
基本每股收益	$8.35	$9.28
稀释每股收益	$8.31	$9.22
用于计算每股收益的股份数		
基本	54.708 20	57.534 21
稀释	55.002 81	57.930 69
已公告的每股现金股息	$2.18	$1.98

资料来源：Investor.Apple.com。

所有者权益变动

所有者权益代表了所有者在公司投资的资本，因此投资者对此尤为关注。让我们来看看会引起股东权益变动的事项：

- 股票发行；
- 确定周期性净收入；
- 股息分配。

我们已经考察了后两项，因此这里集中讨论第一项：股票发行（见案例 5-3）。以下面方框中的内容为例。

案例 5-3 股票发行

假设 Techo 公司发行 1 000 万股股票，每股市场价格为 20 美元。那么，公司可以获得 2 亿美元的现金（忽略交易费用）。假设股票的面值（首次发行股票时的原始价值）为每股 5 美元。这意味着，所发行的股本对应 5 000 万美元的面值（以每股 5 美元发行了 1 000 万股）。股本溢价——由新的股票购买者支付的多余部分为 1.5 亿美元。这就是所发行股票的市场价值与票面价值（原始价值）之间的差额。记住，即使股东决定要把股票出售给其他投资者，这些交易也不会对 Techo 公司的资产负债表造成任何影响。

现有股东或许不希望公司发行股票，因为对他们来说，这意味着失去了部分控制权：发行股票将增加公司发行在外的股票数量。我们可以通过股票认购权发行（rights issue）的方式来解决这个问题，其含义是，我们依据现有股东所持有的股票数量，按比例赋予他们购买新股票的权利。通过这种方式，现有股东避免了股权被稀释。通常，我们会以低于当前市场价的价格向现有股东出售新股票。

我们对股票发行如此重视，案例 5–4 提供了一个有助于解释这种状况的示例。

案例 5–4　股票发行的会计记录

Techo 公司决定以每股 5 美元的价格，每 7 股原始股对应 1 股新股认购权的方式发行股票。换言之，现有股东获得了以每股 5 美元的价格购买股票的权利，每持有 7 股股票者可购买 1 股新股。试想，Techo 公司有 140 万股股票，每股的票面价值为 2 美元。如果所有现有股东都决定行使新股认购权，那么公司将发行 20 万（140 万/7）股新股。

发行股本的面值等于 40 万美元（以每股 2 美元发行 20 万股）。股本溢价为 60 万美元（每股 5 美元–2 美元，发行 20 万股）。这是股票发行的市场价值与票面价值之间的差额。

从财务角度评估发展进程

一般而言，创业公司都是从一项创意和实现它的热情开始。如果这项创意足够吸引人，就会有资金进入，或是来自企业家自己，或是来自他们的朋友和家人。随后，如果创业公司展示出了成功和成长的潜力，其他的资金来源也会出现。这些来源可能是天使投资人、风险资本家、众筹投资者及其他。我们将在接下来的两章讨论资金问题。但现在，我们将首先关注如何获得成功，以及如何通过财务指标来提供成功的证据。

创业公司的经营活动正式运行后，我们就可以看到这些活动对财务报表产生的影响，并且能够开始对企业的表现进行更为细致的分析。创业公司可以利用我们所考察的不同信号，来检查企业的进步并调整企业的商业目标。我们可以检查活跃用户人数或购置成本之类的指标，它们将提示我们是否需要重新考虑——也许我们应当对正在运用的商业模式进行一些调整。我们将在第八章集中探讨这一问题。持续地完善企业的商业目标对创业公司来说非常重要，而你可以利用一系列的信号来完成这项工作：财务信号或基于指标的信号，以及定性的信号甚至直觉。这里，我们聚焦于改良的财务状况分析，一旦获得了展示企业经济状况的财务报表，就可以展开此类分析。

到目前为止，我们已经适当回顾了不同类型的财务报表，以及报表之间相互联系的方式，以帮助我们理解公司的财务状况。那么，我们如何利用这些知识来进一步挖掘出更为具体的信息呢？财务报表分析是真正深入了解企业的关键，包括企业的表现及企业朝着目标前进的进度。投资者也会通过查看财务报表来对企业的盈利能力、效率、流动性和投资是否成功进行评价，并判断企业前进的方向是否正确。

我们需要思考财务报表告诉了我们有关企业进度的什么信息，其方法之一就是进行一些“纵向”和“横向”的分析。这样的分析将为我们提供一切宏观层面上的变化情况。在横向分析中，我们比较不同时间段的利润表和资产负债表数据，并希望发现与主要的财务报表项目相关的逐年（或逐期）的变化。例如，我们可能考察年末固定资产的数量，并观察它是否是前一年年末数值的百分比（这有时被称为“趋势分析”）。因此，如果第一年的现金为 500 万美元，而第二年的现金为 560 万美元，则我们可以将第二年的数值表达为 112——500 万美元的 112%。

在纵向分析中，我们考察财务报表中特定项目的数值占更大范围内的总数的百分比。我们将关键数值设置为 100%，然后将其他数值表达为该数值的百分比。例如，在利润表中，我们可以将销售额设定为100%，然后将利润表中的其他项目表达为销售额的百分比。那么，如果销售额为200万英镑，产品成本为90万英镑，则我们将产品成本表示为45——200万英镑的45%。在资产负债表中，我们也采取同样的方式，将所有主要的项目设置为100%，如资产、负债和所有者权益，然后将大类的子项目表示为百分比。像这样将项目重新表达为百分比的评价方式，为我们提供了财务报表的“共同尺度”。随后，分析师就能够利用它们把企业的财务报表与行业的平均水平进行比较。在使用纵向或横向分析时，如果你发现差异巨大，你就应当对差异进行调查——只找出差异是不够的！你需要找到差异背后的原因。

现在让我们来看看“比率分析”。比率分析是一种通过数据的一些简单计算来了解企业财务状况的方法。比率让我们看到趋势是在改善还是在恶化，它同时也为我们提供了一种为企业未来的表现设定目标的方式。财务比率可以告诉我们企业财务优势与劣势的基本情况，但不能告诉我们存在这种优劣势的原因。为了进行适当评估，我们需要确保自己理解企业的目标、产品、市场及所面临的竞争和监管环境。

当我们进行比率分析时，我们或许想要比较本年度和以前年度的比率，比较本企业和其他竞争者的比率。这将帮助我们评估所有投资的状况及企业的进度如何。通过比率来将当前的表现与历史的表现、计划的表现或竞争者的表现进行对比，从而帮助我们决定企业应执行的战略。我们可以将比率和现有的基准进行比较，然后对企业的表现做出判断。然而，对创业公司来说，需要记住的是，基准不是固定的。无论是应用于市场、行业、整个经济和监管环境还是应用于技术领域，基准都将随着环境的变化而变化，也应该随着环境的变化而变化。

为了了解企业的某些具体方面，我们可以计算更进一步的、更多分类的比率。每一层次的比率都将告诉我们企业的财务状态在特定维度的表现。因此，当我们使用比率时，我们很有可能希望以某些固定的比率为中心，这取决于我们关注企业财务进度的哪些方面。我们可以将财务比率划分为五个主要类别：

- 流动性比率；
- 盈利能力比率；
- 投资比率；
- 效率比率；
- 资本结构比率。

让我们对每一个类别进行更深入的了解。

流动性比率

我们从资产负债表中获得企业的流动性比率，这些比率告诉我们企业是否有能力偿还债务。换言之，它是企业短期流动性的一项指标。我们可以将流动性视为企业偿还短期债务的能力。流动性比率还告诉我们，企业对“营运资本”管理得怎么样。我们把流动资产减去流动负债作为企业的营运资本。评价流动性的两个常用比率分别是：流动比率和速动比率。

流动比率

流动比率是指流动资产占流动负债的比率。如果流动资产不能覆盖流动负债，则企业可能没有充足的资金来支付给贷款人。

流动比率＝流动资产/流动负债

我们已经知道，流动资产包括现金、有价证券、应收账款及其他流动资产。流动负债包括应付账款、短期借款、应计负债及其他流动负债。如果流动比率等于1，则流动资产应当等于流动负债。如果流动比率小于1，那么流动负债超过了流动资产，则企业可能面临流动性问题。

然而，如果流动比率大于1，也并不意味着企业完全不会出现流动性问题。例如企业持有了过多库存，将导致流动比率非常高，但这并不是一件好事！非常高的流动比率可能在向我们发出信号，即企业可能将营运资本用在了无用的投资上。过多的营运资本阻碍企业的成长和发展。这是因为多余的现金能够以更好的方式被利用，如偿还债务，甚至向股东支付股息。即便如此，如果流动比率过低，就说明企业无法购买所需要的存货来满足消费者的需求和提高自身的利润。因此，计算出这样的比率非常有价值，但我们需要寻找这些比率背后的原因。同时，我们或许还需要思考，什么样的比率对自身而言才是最好的。下面列举了一些可以帮助我们识别适合自己的流动比率的问题。

- 企业需要多少现金用于结算？
- 我们可以向消费者提供哪些信用条件？
- 为了最好地服务于消费者，我们需要怎样的商品库存水平？
- 为了确保生产运营的效率，我们需要多少原材料？

让我们以微软2015年和2016年的财务数据为例，计算出一些比率（见表5-2和案例5-5）。

表 5-2　微软公司：资产负债表（2015 年 6 月 30 日和 2016 年 6 月 30 日）

资产负债表（单位：亿美元）		
	2016 年 6 月 30 日	**2015 年 6 月 30 日**
资产		
流动资产：		
现金及现金等价物	65.10	55.95
短期的投资（包括出借有价证券 2.04 和 0.75）	1 067.30	909.31
总现金、现金等价物和短期投资	1 132.40	965.26
应收账款，分别扣除坏账准备 4.26（2016）和 3.35（2015）	182.77	179.08
存货	22.51	29.02
其他	58.92	54.61
总流动资产	1 396.60	1 227.97
专利和设备，分别扣除累计折旧 198（2016）和 176.06（2015）	183.56	147.31
股权及其他投资	104.31	120.53
商誉	178.72	169.39
无形资产净值	37.33	48.35
其他长期资产	36.42	31.17
总资产	1 936.94	1 744.72
负债和所有者权益		
流动负债：		
应付账款	68.98	$65.91
短期负债	129.04	49.85
长期负债中的流动部分	0	24.99
应付薪酬	52.64	50.96
所得税	5.80	6.06
短期预付账款	274.68	232.23

（续表）

资产负债表（单位：亿美元）		
	2016 年 6 月 30 日	2015 年 6 月 30 日
应付出借有价证券	2.94	0.92
其他	59.49	65.55
总流动负债	593.57	496.47
长期负债	407.83	278.08
长期预付账款	64.41	20.95
递延所得税	14.76	12.95
其他长期负债	136.40	135.44
总负债	1 216.97	943.89
承诺和或有事项		
所有者权益：		
普通股和股本–核定股本 240；已发行股本分别为 78.08（2016）和 80.27（2015）	681.78	684.65
留存收益	22.82	90.96
累积的其他综合收入	15.37	25.22
总所有者权益	719.97	800.83
总负债和所有者权益	1 936.94	1 744.72

资料来源：微软公司网站，2016。

案例 5–5　微软：流动比率

表 5–2 展示了微软 2015 年 6 月 30 日和 2016 年 6 月 30 日的年度资产负债表。2016 年期末，微软的总流动资产为 1 396.6 亿美元而总流动负债为 593.57 亿美元。

流动比率计算如下：

流动比率 = 1 396.6 美元/593.57 美元 = 2.35

速动比率

速动比率也被称为酸性测试比率，它是极具流动性的资产（现金及现金等价物、有价证券和应收账款）与流动负债的比率。

速动比率 =（现金及现金等价物 + 有价证券 + 应收账款）/流动负债

它也可以表示为：

速动比率 = （流动负债 - 存货）/流动负债

速动比率与流动比率的区别在于它不包括存货。我们可以将它应用于与流动比率类似的分析目标，但它同时为我们提供短期流动性的衡量。对任何一家有存货的企业而言，它都将告诉我们，在流动性较差的情况下，企业偿还短期债务的能力如何。存货是一项流动资产，我们预期在一年以内将其转换为现金。当然，对科技公司来说（如微软），存货水平可能非常低，甚至没有存货！因为资产负债表告诉我们某一时点企业的财务状况，因而据此计算的流动比率和速动比率（见案例 5-6）都不能反映在该年度期间企业流动性的情况。

案例 5-6　微软：速动比率

如表 5-2 所示，微软在 2016 年期末的存货为 22.51 亿美元，因此速动比率为：

流动比率 =1 396.60 亿美元 -22.51 美元/593.57 亿美元 =2.31

盈利能力比率

盈利能力比率（profitability ratio）揭示企业运营的盈利能力如何。无论是对于企业自身还是对于外部投资者，这都是一个相当重要的比率，因为利润是我们衡量企业成功的主要（尽管不是唯一的）指标。所以，这些比率主要关注以下方面：

- 管理团队实现盈利的能力；
- 投入企业的资产；
- 企业创造的收入；
- 所有者投入企业的资金。

主要有四个盈利能力比率：

- 净资产收益率（return on owners' equity，缩写为 ROE）；
- 总资产收益率（return on total asset，缩写为 ROA）；
- 净利润率；
- 毛利润率

净资产收益率

净资产收益率是净收入与所有者权益之比：

净资产收益率 = 净收入/所有者权益

当我们计算这个比率时，最好使用所有者权益的年度平均值，而非期初或期末的所有者权益来代表所有者在整个期间内对企业投资的数量。我们简单地取期初与期末的平均值作为年度平均所有者权益。净资产收益率告诉我们，企业使用借入资金和所有者投入资金的效率如何。它显示了在承担了企业其他财务成本之后，所有者能够获得的剩余回报。如果企业借入了大量的负债，我们就会得到一个很高的净资产收益率——这将增加所有者承担的财务风险。

对微软而言，我们可以从一些比率中发现关于盈利能力的有趣现象，如表 5-3 和案例 5-7 所示。

表 5-3　微软公司：利润表（2015 年 7 月 1 日至 2016 年 6 月 30 日）

利润表（单位：亿美元，每股收益数据除外）

	截至 2016 年 6 月 30 日
收入：	
产品	615.02
服务及其他	238.18
总收入	853.20
营业成本：	
产品	178.80
服务及其他	149.00
总成本	327.80
毛利润	525.40
研究与开发	119.88
销售与营销	146.97
管理费用	45.63
减值、整合与重组	11.10
营业收入	201.82
其他收入（支出），净额	(4.31)
税前收入	197.51
备付所得税	29.53
净收入	167.98
每股收益	
基本	2.12
稀释	2.10
流通在外的加权股份数	
基本	79.25
稀释	80.13
每股普通股已公告的现金股利	1.44

资料来源：微软公司网站，2016。

案例 5–7　微软：净资产收益率

> 如表 5–5 所示微软在 2016 年期末的净利润为 167. 98 亿美元，而表 5–2 中微软 2015 年期末的所有者权益为 800. 83 亿美元，2016 年期末的所有者权益为 719. 97 亿美元。因此，平均的所有者权益为 760. 40 亿美元，净资产收益率计算如下：
>
> 净资产收益率 =167. 98 亿美元 /760. 40 亿美元 =0. 22

总资产收益率

资产收益率表现了企业的净收入与企业拥有的资产之间的联系。这是一个相当重要的绩效衡量指标，因为它向我们展示了盈利能力与投入企业的总资产的比率，它帮助我们评估企业对资产的使用效率如何。

资产收益率 = 净利入/总资产

和前面一样，这里也是用总资产平均值而不是期末的值。如果我们想要比较正在考虑之中的不同投资选择的收益率，这个比例非常有用。我们可以利用它来比较不同企业之间的盈利能力或同一企业不同期间的盈利能力（见案例 5–8）。

案例 5–8　微软：总资产收益率

> 如表 5–2 所示微软在 2015 年期末的总资产为 1 744. 72 亿美元，而 2016 年期末的总资产为 1 936. 94 亿美元。因此，平均的所有者权益为 1 840. 83亿美元，总资产收益率计算如下：
>
> 总资产收益率 =167. 98 亿美元 /1 840. 83 亿美元 =0. 091 3

净利润率

净利润率也是一个关键财务指标，其计算方法如下：

净利润率 = 息税前净收入/销售额 ×100%

计算过程中，使用息税前的净收入。这是因为该指标代表企业在支付任何长期债务费用之前，从交易运营中所获得的利润，它也假定税收是企业无法干预的因素。这个比率从本质上解释了企业平均而言从销售额中获得了多少利润，也显示出企业的定价策略及对成本的控制程度如何。由于不同的竞争策略、行业特征、经济环境及产品的组合，净利润率在企业之间和行业之间均存在差异。例如，一个销售知名品牌商品的电子零售商可能有很高的净利润率，因为它的价格很高而销售量很低。相反，一家出售经济实用的非知名品牌商品的网络销售商的净利润率则可能很低，因为其销售量很高但价格却相当低。我们可以通过考察商品的具体费用与销售收入之间的关系，来找到一段时间内一家企业净利润率变化的原因。

为了计算微软的净利润率（见案例 5-9），我们需要找到利息费用。这些信息列示在财务报表的附注中（见表 5-4）。

表 5-4　微软：财务报表附注（截至 2016 年 6 月 30 日）

附注 3 – 其他收入（支出），净额（单位：亿美元）
其他收入（支出）净额的构成如下：

	截至 2016 年 6 月 30 日
股息和利息收入	9.03
利息支出	(12.43)
投资净收益	6.68
衍生工具净亏损	(4.43)
汇总损益净收益（损失）	(1.21)
其他	(1.95)
总计	(4.31)

资料来源：微软公司网站，2016。

案例 5-9 微软：净利润率

如表 5-4 所示，利息费用为 12.43 亿美元，而表 5-3 中的税费为 29.53 亿美元，则息税前净收入为 167.98 亿美元 - 12.43 亿美元 - 29.53 亿美元 = 126.02 亿美元。如表 5-3 所示，销售收入为 853.20 亿美元，因此净利润率为：

净利润率 = 126.02 亿美元/853.20 亿美元 × 100% = 14.77%

毛利润率

毛利润率是毛利润与同期净销售收入之比。毛利润是同期的销售收入与销售成本之差。对大多数公司而言，这是盈利能力的重要驱动力。毛利润率的计算方法如下：

毛利润率 = 毛利润/销售收入 × 100%

还可以将其表示为：

毛利润率 =（销售收入 - 销售成本）/销售收入 × 100%

我们可以利用该比率来观察在不考虑其他支出的情况下，从购入商品或生产商品到销售商品的过程中获得的利润。如果企业的毛利润率很高，说明企业只要控制好间接费用，就可以从销售中获得不错的利润。而如果企业的毛利润率很低，则原因可能是较低的销售价格、较高的生产成本或者由产品组合的变化引起的销售成本的上升。

以微软公司为例，毛利润的计算如案例 5-10 所示。

案例 5-10 微软：毛利润率

如表 5-3 所示，销售收入为 853.20 亿美元，销售成本为 327.80 亿美元。因此，毛利润为 853.20 亿美元-327.80 亿美元 = 525.40 亿美元。毛利润率为：

毛利润率 = 525.40 亿美元/853.20 亿美元 × 100% = 61.58%

投资比率

当投资者希望考察投资的回报情况时，投资比率非常有价值。这些比率告诉我们企业在股份及其市场价值方面的表现如何。当然，当公司的市场价值上升时，投资者将从中受益——可能从公司获得股息。同时，投资者也可以利用这些比率来考察股价和股息。投资比率主要有五类：

- 每股股息（dividend per share，缩写为 DPS）；
- 股息收益率（dividend yield）；
- 股息保障倍数（dividend cover）；
- 每股收益（earning per share，缩写为 EPS）；
- 市盈率（price to earnings ratio，缩写为 P/E ratio）。

每股股息

每股股息告诉我们投资者从股息中获得的单位股份的回报。计算方法如下：

每股股息 = 当期支付的总股息/当期发行在外的股票数量

每股股息显示了投资者可以从持有的公司股份中获得的现金回报。

以微软公司为例，我们通过表 5–5 和表 5–6 来查看财务报表附注中列示的股份数量和支付的股息，并如案例 5–11 所示计算每股股息。

表 5-5　微软公司：财务报表附注（截至 2016 年 6 月 30 日）

附注 18- 所有者权益（单位：亿美元）
发行在外的股份
发行在外的普通股

	截至 2016 年 6 月 30 日
期初余额	80.27
发行	0.75
回购	(2.94)
期末余额	78.08

资料来源：微软公司网站，2016。

表 5-6　微软公司：财务报表附注（截至 2016 年 6 月 30 日）

股息
2016 会计年度，董事会公告的股息如下：

公告日	每股股息（单位：美元）	登记日	总金额（单位：亿美元）	支付日
2015 年 9 月 15 日	0.36	2015 年 11 月 19 日	28.68	2015 年 12 月 10 日
2015 年 12 月 2 日	0.36	2015 年 2 月 18 日	28.42	2016 年 3 月 10 日
2016 年 3 月 15 日	0.36	2016 年 5 月 19 日	28.21	2015 年 6 月 9 日
2016 年 6 月 14 日	0.36	2016 年 8 月 18 日	28.11	2016 年 9 月 8 日

资料来源：微软公司网站，2016。

案例 5-11　微软：每股股息

如表 5-6 所示，当期支付的总股息为 28.68 亿美元 + 28.42 亿美元 + 28.21 亿美元 + 28.11 亿美元 = 113.42 亿美元。如表 5-5 所示，当期发行在外的股票数量为 78.08 亿股。每股收益为：

每股股息 = 113.42 亿美元/78.08 亿 = 1.45 美元

股息收益率

该比率将投资者获得的股息与每股当前的市场价值相联系。我们将其表示为一个百分比，计算方法如下：

股息收益率 = 年度每股股息/每股市场价格 ×100%

投资者可以利用该比率来计算对公司投资获得的现金回报。

以微软公司为例，每股收益率的计算如案例 5–12 所示。

案例 5–12　微软：每股收益率

前面的计算得到每股股息为 1.45 美元。微软在 2016 年 6 月 30 日的每股市场价格为 50.72 美元（纳斯达克）。因此，每股收益率计算如下：

每股收益率=1.45 美元/50.72 美元 ×100% =2.86%

股息保障倍数

计算方法如下：

股息保障倍数 = 每股收益/每股股息

该比率告诉我们企业的利润是实际支付的股息的多少倍。因此，它有助于评价企业维持现有股息支付水平的能力。

仍以微软公司为例，案例 5–13 说明了股息保障倍数的计算方式。

案例 5–13　微软公司：股息保障倍数

如表 5–3 所示，普通股的每股收益为 2.12 美元，而前面计算的每股股息为 1.45 美元。因此，每股收益率计算如下：

股息保障倍数 =2.12 美元/1.45 美元 =1.46

每股收益

每股收益告诉我们企业每股获得的净收入。它是衡量企业表现的另一种方式，因为它揭示了该企业为股东所创造的收入。计算过程如下：

每股收益 = 净收入/发行在外的普通股数量

如果企业在当年发行了股票，那么应当使用经权重调整的股份数量来计算每股收益。投资者在评价公司的投资潜力时，将考察每股收益的变化趋势。在注意企业资本结构各方面的差异的前提下，我们可以把它用于比较相似企业的表现和盈利能力。

以微软为例，我们可以从财务报表附注中获得每股收益的说明：

> 基本每股收益是基于该期间普通股的加权平均数量计算的。稀释每股收益是根据普通股的加权平均数量加上使用库存股份法对潜在普通股进行稀释的影响计算出来的。稀释的潜在普通股包括股票期权和股票奖励。
>
> 微软公司，2016，附注 2

基本每股收益和稀释每股收益的组成如表 5–7 所示。

表 5–7　微软：财务报表附注（截至 2016 年 6 月 30 日）

基本的和稀释的每股收益（单位：亿美元，每股收益数据除外）	**截至 2016 年 6 月 30 日**
归属于普通股股东的净利润（A）	167.98
已发行普通股的加权平均数（B）	79.25
股权激励的稀释效应	0.88
普通股和普通股等价物（C）	80.13

（续表）

基本的和稀释的每股收益（单位：亿美元，每股收益数据除外）	
	截至 2016 年 6 月 30 日
每股收益	
基本（A/B）	2. 12
稀释（A/C）	2. 10

资料来源：微软公司网站，2016。

市盈率

这是一个非常重要的比率，它揭示了股票的市场价值与利润表之间的关系。投资者可以利用它来比较不同的投资机会。市盈率的计算公式为：

市盈率 = 每股市场价格/每股收益

我们可以非常方便地获取所有公开上市公司股票的市场价格。如果公司的资产和负债以其所发布的财务报表载明的价格出售，那么股票的账面价格就是每股的价值。市盈率和每股市场价格经常在财经报道中被使用。部分投资者偏好更高的市盈率，因为它表明企业有很高的成长潜力，而较低的市盈率则往往对应着增长更加缓慢和更成熟的公司。但是，企业的价值如果被低估，也有可能显示出较低的市盈率。这种情况将吸引那些预期市盈率会上升的投资者，而他们最终将从更高的股价中获利。

以微软公司为例，案例 5-14 说明了市盈率的计算方法。

案例 5-14　微软：市盈率

每股市场价格为 50. 72 美元，而前面计算的每股收益为 2. 12 美元。因此，市盈率为：

市盈率 = 50. 72 美元/2. 12 美元 = 23. 93

效率比率

效率比率有助于揭示公司是否有效利用了资源。当我们对此进行评估时，我们倾向于关注公司如何利用营运资本，因为它告诉了我们公司的效率如何。因此，效率比率有时也被称为营运资本控制比率。正如前文所提到的，营运资本是指流动资产减去流动负债。营运资本的关键构成包括存货、应收账款和应付账款。

投资者利用与营运资本相关的信息来评价企业运营的效率。通常，公司可能希望通过维持较少的存货和应收账款及较多的应付账款来保持较低的营运资本，这是因为将资金耗费在存货和应收账款上是没有效率的。然而，另一方面，较少的存货意味着企业无法很好地满足消费者的订单。更重要的是，如果企业保持较少的应收账款，我们可能会认为它在减少对客户的信贷，因而减缓了客户的增速。但是，如果反向操作，即通过延长付款期限来保持较高的信贷水平，则可能会影响企业与供应商的关系。尽管如此，保持高存货水平的风险在于，存货本身会面临过期或难以出售的风险，尤其是在技术变化非常迅速的情况下。最后，如果企业有很多的应收账款，可能是由于客户不愿意偿付债务。这是所有的投资者都会考虑的因素。因此，公司有效地管理营运资本非常重要。

有四类效率比率可以用于揭示企业对资源的管理效率如何：

- 存货周转率；
- 总资产周转率；
- 应收账款周转天数；
- 应付账款周转天数。

存货周转率

存货周转率（inventory turnover ratio）考察销售成本与企业用以维持销售活动的平均存货之比。我们通过取年度内期初与期末存货的平均值来计算平均存货余额。如果由于某些原因无法获得时，我们就用年度的期末存货来代替。存货周转率的计算方法如下：

存货周转率＝销售成本/平均存货余额

不同企业、不同产品的存货周转率有所不同。这一指标有助于评估企业在管理存货方面的效率——存货是企业最具价值的资产之一。

我们也可以计算出存货的周转天数：

存货周转天数＝平均存货余额/销售成本×365天

最理想的存货持有水平取决于很多因素，如未来可能的需求、价格上涨的可能性、产品需求、企业的存货数量及未来可能的存货。值得注意的是，科技公司的存货水平可以非常低，甚至是零。

以微软公司为例，案例5–15说明了这两个指标的计算过程。

案例5–15　微软：存货周转率与存货周转天数

如表5–2所示，2015年期末的存货为29.02亿美元，而2015年期末的存货为22.51亿美元。因此，平均存货余额为：

平均存货余额＝（29.02亿美元＋22.51亿美元）/2

＝25.765亿美元

由表5–3可知，销售成本为327.80亿美元。则存货周转率为：

存货周转率＝327.80亿美元/25.765亿美元＝12.72

存货周转天数计算如下：

存货周转天数＝25.765亿美元/327.80亿美元×365天＝28.69天

总资产周转率

总资产周转率是企业的销售收入与平均总资产之比。我们用它来解释企业利用资产驱动销售的效率如何。总资产周转率的计算公式如下：

总资产周转率 = 销售收入/平均总资产

如果由于某些原因无法获得平均总资产的信息，我们就用年度的期末总资产来代替。通常，较高的总资产周转率表明，企业正有效地在利用资产创造收入。但另一方面，较高的资产周转率也可能正在发出企业存在问题的信号，即企业在匹配销售收入和可用的资产方面存在不足，因为比率显示企业没有足够多的资产来支持其获得销售收入。

以微软公司为例，其总资产周转应率的计算如案例 5–16 所示。

案例 5–16　微软：总资产周转率

如前文所示，平均总资产为 1 840.83 亿美元。表 5–3 中利润表所示的销售收入为 853.20 亿美元。因此：

总资产周转率 = 853.20 亿美元/1 840.83 亿美元 = 0.46

应收账款周转天数

我们使用该指标来观察，信贷客户平均而言需要多长时间来偿还对企业的债务。计算方法如下：

应收账款周转天数 = 应收账款/总信用销售收入 × 365 天

该比率提供了未偿还债务期限的平均天数。如果我们无法获得企业信用销售收入的信息，就用总销售收入作为替代变量。

以微软公司为例，应收账款周转天数的计算如案例 5–17 所示。

案例 5–17 微软公司：应收账款周转天数

如表 5–2 所示，应收账款为 182.77 亿美元。由于信用销售收入无法获得，使用表 5–3 中的销售收入 853.20 亿美元。那么：

应收账款周转天数 = 182.77 亿美元/853.20 亿美元 × 365

= 78.19 天

应付账款周转天数

我们使用该指标来观察，企业平均而言需要多长时间来偿还贷款人提供的信用支付金额。计算方法如下：

应付账款周转天数 = 应付账款/总信用支付金额 × 365 天

如果我们无法获得信用支付的信息，就用企业总支付金额作为替代变量。如果仍然无法获得总支付金额，就用企业总销售成本代替。通常对企业而言，总是越晚支付越有利，但支付得太慢会失去供应商的信任！

以微软公司为例，应付账款周转天数计算如案例 5–18 所示。

案例 5–18 微软：应付账款周转天数

表 5–2 的资产负债表显示，应付账款为 68.98 亿美元。由于无法获得信用支付金额的数据，我们只能使用表 5–3 中的销售成本 327.80 亿美元。那么，应付账款周转天数计算如下：

应收账款周转天数 = 68.98 亿美元/327.80 亿美元 × 365

= 76.81 天

资本结构比率

资本结构比率是本章所讨论的最后一类重要比率，它们又被称为“传动比率”或“杠杆比率”。企业既可以向所有者融资，也可以通过借贷融资。借贷资本是指企业从自身以外的其他方所借入的资金，包括从银行获得的贷款。

资本结构比率可以帮助我们评估企业的融资策略。我们也可以用它来衡量企业负债与所有者权益的相对数量。如果杠杆非常高（即借入了过多的资金），那么企业就面临着破产的风险。这是因为借款需要偿还利息和本金，这样将成为企业的一种负担。投资者往往会非常关心企业在资本结构方面的决策，因为这将影响企业所面临的风险。有两类关键的资本结构比率，即杠杆比率：

- 负债股权比；
- 利息保障倍数。

负债股权比

我们可以使用负债股权比来考察企业的长期负债是多少，以及企业的所有者权益是多少，然后计算它们的比率。负债股权比的计算公式为：

负债股权比 = 长期负债/所有者权益

负债股权比解释了在给定的资本结构下，企业面临着何种风险。当企业杠杆率非常高时，即使现金短缺，也必须要偿还债务（包括本金和利息）。如果企业是高杠杆且低利润的情况，风险就会更大。

以微软公司为例，负债股权比的计算如案例 5-19 所示。

案例 5-19　微软：负债股权比

> 如表 5-2 的资产负债表所示，长期负债为 407.83 亿美元，所有者权益为 719.97 亿美元。因此，负债股权比为：
>
> 负债股权比 = 407.83 亿美元/719.97 亿美元 = 0.57

利息保障倍数

利息保障倍数表明企业有多少利润能够用于利息的偿还。计算方法如下：

利息保障倍数 = 息税前利润/利息费用

利息保障倍数揭示了企业的融资策略，并让我们能够对其进行评估。利息保障倍数越低，企业无法偿还债务的风险就越高。

最后，我们仍以微软为例，利息保障倍数的计算如案例 5-20 所示。

案例 5-20　微软：利息保障倍数

> 根据前面的计算，息税前利润为 126.02 亿美元。由表 5-4 可知，利息费用为 12.43 亿美元。利息保障倍数为：
>
> 利息保障倍数 = 126.02 亿美元/12.43 亿美元 = 10.14

以上部分我们考察了企业的关键财务指标，只要创业公司开始正式运营并创造收入，这些指标就能为监督企业发展提供指针。在接下来的三章中，我们将探讨更多专门适用于尚未盈利的创业公司的财务指标。在尝试不同的业务方式之前，或者在将整个企业的商业假设转到不同的方向之前，我们需要更多其他的关于创业公司财务状况的“指示器”及需要留意的信号。

本章小结

我们考察了：

- 企业应当选择哪种公司结构；
- 审计人员如何评价企业；
- 企业所有者权益的组成部分是什么；
- 科技创业公司如何监督财务状况；
- 对于正在运营的企业，投资者希望看到哪些财务指标。

复习思考题

1. 对科技创业公司来说，最好的公司结构是什么？为什么？
2. 审计人员对创业公司出具的无保留意见保证了什么？
3. 创业公司可以发行哪些类型的股票？
4. 在企业成长的过程中，你会追踪哪些可以作为企业表现“指示器”的财务比率？
5. 你会向投资者分享这些比率的结果吗？

延伸阅读

Bragg, SM (2012) *Business Ratios and Equations: A comprehensive guide*, Wiley, New Jersey.

Ittelson, T (2009) *Financial Statements: A step-by-step guide to understanding and creating financial reports*, Career Press, New Jersey.

参考文献

Balakrishnan, A (2016) Google parent Alphabet sees earnings, revenue beat and announces $7 billion buyback, available from www. cnbc. com/2016/10/27/google-parent-alphabet-reports-fiscal-third-quarterq3-2016-earnings. html (27 October) [accessed 21. 3. 17]

Bradshaw, T (2016) Facebook unveils $6 billion share buyback, available from www. ft. com/content/d8e06028-addc-11e6-9cb3-bb8207902122 (18 November) [accessed 21. 3. 17]

Investor. Apple. com (nd) Consolidated Statement of Operations for the years ending 26 September 2015 and 24 September 2016, available from files. shareholder. com/downloads/AAPL/4152536739x0x913905/66363059-7FB6-4710-B4A5-7ABFA14CF5E6/10-K_ 2016 _ 9. 24. 2016 _-_ as_ filed. pdf [accessed 21. 3. 17]

Iomart. com (2016) Iomart Annual Report and Accounts 2016, available from www. iomart. com/wp-content/uploads/2016/06/iomart-annualaccs_ 2016. pdf [accessed 21. 3. 17]

LinkedIn (2016) Annual Report 2016, available from s21. q4cdn. com/738564050/files/doc_financials/annual/2015/LinkedInAnnual Report_2016. PDF [accessed 21. 3. 17]

Microsoft. com (2016) Annual Report 2016, available from www. microsoft. com/investor/reports/ar16/index. html [accessed 21. 3. 17]

Nasdaq. com, Microsoft Historical Price, available at www. nasdaq. com/symbol/msft/historical [accessed 21. 3. 17]

第六章

流动性的重要性

计算企业的预期现金流入与预期现金流出

用一个现金预算的例子来说明企业需要融资的数量

债务融资是否有用，以及进行债务融资的不同方式

很多创业公司的失败仅仅是因为过快地耗尽了现金。即使创业公司正在创造收益，它们也应该在现金耗尽之前密切关注求生之路。现金的预算十分关键：它将帮助我们明确企业所需要的现金流是什么形式的及在什么时候需要，以使企业提前进行规划并最终生存下来。对大部分失败创业公司的事后分析发现，现金耗尽位于失败的五大理由之首。而一次针对走下坡路的创业公司的大规模调研也显示，现金耗尽是其失败的第二重要的原因（风投调研机构 CB Insights，年份不详）。企业一旦成立并开始运营，就需要通过适当的现金流管理来改善企业成长的路径。企业应当确定现金流的缺口和融资需求。如果创业公司尚未产生任何的现金流，它就必须让投资者相信，它有潜力在未来获得利润。本章中，我们将探讨创业公司如何编制和分析现金预算，以帮助他们确定现金需求的时机和水平。我们也将讨论进行债务融资的一些可选择的方式。这将为下一章的内容——股权融资及估值的相关问题打下基础。所以，本章将包括以下内容：

- 计算企业的预期现金流入与预期现金流出；
- 用一个现金预算的例子来说明企业需要融资的数量；
- 债务融资是否有用，以及进行债务融资的不同方式。

现金预算

进行现金预算是创业公司最重要的任务之一。未进行一定形式的现金规划和管理而能够生存下来的企业并不太多。进行现金预算意味着你可以引导企业的活动，并且为现金流的波动做好准备。良好的计划要求企业不能因为现金的短缺而终止运营。我们更倾向于把注意力集中在企业的业务上：开发产品、管理客户、开拓市场、向投资者更新信息并保持联系网络的通畅。但为了保持创业公司战略的平衡，关注现金流入和流出的时机与思考企业的债务和债权一样重要。

在第四章中，我们讨论了现金流量表。这份报表帮助我们了解企业的利润如何与现金相联系。我们可以将其作为预测未来现金流的出发点。如果你了解企业现金的初始状况，你就能够编制一份预算。你可以利用预算来测试：当你需要更多的资金时，贷款人或投资者会如何回应，并由此决定是支付利息还是增加所有者权益。现金预算甚至能够告诉你，你是否应该对应收账款的收回施加更大的压力，以及是否值得冒着得罪供应商的风险去“依赖应付账款”。

创业公司的全部未来都取决于你是否真的集中精力进行现金预算。为了搭建现金预算的框架，对于那些会在未来某个时点给企业预期的现金流造成影响的事项，你需要设定一些假设。你可能会设想市场将如何增长，未来的收入如何，成本将是多少，竞争对手将如何反应，自己是否能获得充足的资金来完成订单，等等。所有这些想法都是现金预算的组成部分。编制现金预算也是敦促你直面自己的保守、乐观与直觉。现金预算是对企业关键资源的了解，它事实上基于你和其他投资者的智慧，它也是保证企业能够生存和成长（但愿如此）的因素。一旦设定了现金预算，你就能够集中关注那些将对现金流产生影响的决策。无论你采用哪种企业战略，这些都是企业获得成功的基础。

了解企业的现金流意味着你可以为暂时性的现金短缺进行充分的准备，即使这些短缺有利于企业的经营。同时，你还能够确定长期的现金需求，比如为资本性的支出进行融资。然后，你就能够确定哪种融资方式最适合企业的现金需求。现金预算也将反映出你的风险规避能力。你会知道自己所需要持有的现金数量，以应对部分预期的现金流入在未来无法实现，以及需要现金的新的投资机会出现。

如果企业已经开始运营，那么预期获得的收益就是企业现金流的重要组成部分。因此，一个不错的开始就是考察你所选择的时段内的销售收入。为了确认企业的现金流状况，你需要加上那些能够立即产生现金流入的销售收入，以及过去以信用方式销售而目前即将到期的销售收入。你或许还有其他的现金来源，比如正在获得收益的投资，或是正在为你提供资金的贷款。然后，你需要考虑现金的流出，比如向供应商的非信用支付，以及已到期需要进行支付的信用支付。所有的工资和薪金都构成日常的现金流出。除此之外，还有其他的成本，如广告费用、销售成本、管理费用和购买厂房与设备的支出。最后，再加上其他的财务成本，如支付的利息和税费等。

最终，现金预算将以一种明确的、结构清晰的方式来向你展示企业所有预期收到或支出的现金。它将以下面的形式列出：

初始现金余额

+

来自客户的应收账款、现金销售收入，

以及其他运营性现金收入来源，如应收票据产生的利息

−

采购、工资、运营费用，以及租金、租赁费用和其他项目的支出

－

固定资产支出、长期投资及利息等其他支出

＝

最终的现金余额

这个最终的现金余额又将成为下一个评估时段（如下个月）的期初现金余额。

一个案例

这里展示一个编制现金预算的案例。

澳大利亚医药在线（Online AustraliaMedic）正在利用基于深度算法的机器学习来扩充其在线医疗服务。该公司在这一领域非常成功，通过让病人佩戴电子诊断环来监控他们的健康。这种设备允许该企业远程对病人进行诊断和评估，并在线记录信息。在必要时，澳大利亚医药在线的医生会与病人互动，并提供持续的医疗服务支持。在澳大利亚，在线医疗的市场扩张得非常迅速。因此，该公司正在考虑更多的资本支出，如表 6–1 所示。

表 6–1　澳大利亚医药在线计划的资本支出　（单位：万美元）

电子动脉监测器	125
运程虹膜扫描仪	60
呼吸传感器设备	40
网络听诊器设备	105
总计	330

支出一直计划到 10 月 1 日。澳大利亚医药在线实际的和预计的支付如表 6–2 所示。

表 6–2　澳大利亚医药在线：实际支付与预计支付　（单位：万美元）

1 月	440
2 月	470
3 月	480
4 月	500
5 月	520
6 月	530
7 月（预计）	500
8 月（预计）	540
9 月（预计）	560
10 月（预计）	600
11 月（预计）	570
12 月（预计）	580

澳大利亚的私营保险公司同意患者使用澳大利亚医药在线服务支付部分费用。保险公司承担 75% 的费用，患者承担 25%。历史账单的经验显示，保险公司和患者的支付模式如表 6–3 所示。

表 6–3　澳大利亚医药在线：历史账单汇总

	保险公司	病人
当月服务	30%	20%
下月服务	40%	25%
第三个月服务	15%	35%
无法收回的部分	15%	20%

澳大利亚医药在线预期这种账单和收费模式在年度内保持不变。表 6–4 报告了它在上个季度的采购情况及未来 6 个月的采购计划。

表 6-4 澳大利亚医药在线：上季度和未来 6 个月的采购 （单位：万美元）

4 月	115
5 月	100
6 月	120
7 月	135
8 月	160
9 月	180
10 月	200
11 月	215
12 月	170

其大部分的采购都是基于信用，在一个月以后结算应付账款。我们还知道，本年度还将每个月支付 140 万美元工资，以及当月账单的 15%。所有的工资都用于当月提供的服务。在澳大利亚医药在线，每月的折旧费用为 12. 5 万美元。此外，公司的利息支出为每月 15 万美元，在每个季度末的最后一天集中支付 45 万美元。公司同时获得每月 16 万美元的投资收入。7 月 1 日，公司的现金余额为 23 万美元，并希望持有不少于当月购买金额 15% 的现金。澳大利亚医药在线需要计算出购买新设备所需要借入的资金。

我们可以编制一份截至 9 月 30 日的现金收入预算表（见表 6–5）。

表 6–5 澳大利亚医药在线：现金收入预算表（截至 9 月 30 日，单位：万美元）

	计算过程	7 月	8 月	9 月
5 月：第三方账单	0. 75 × 520 × 0. 15	58. 50		
5 月：病人账单	0. 25 × 520 × 0. 35	45. 50		
6 月：第三方账单	0. 75 × 530 × 0. 15		59. 625	

（续表）

	计算过程	7月	8月	9月
6月：病人账单	0.25×530×0.35		46.375	
6月：第三方账单	0.75×530×0.40	159.00		
6月：病人账单	0.25×530×0.25	33.125		
7月：第三方账单	0.75×500×0.15			56.25
7月：病人账单	0.25×500×0.35			43.75
7月：第三方账单	0.75×500×0.40		150.00	
7月：病人账单	0.25×500×0.25		31.25	
7月：第三方账单	0.75×500×0.30	112.50		
7月：病人账单	0.25×500×0.20	25.00		
8月：第三方账单	0.75×540×0.40			162.00
8月：病人账单	0.25×540×0.25			33.75
8月：第三方账单	0.75×540×0.30		121.50	
8月：病人账单	0.25×540×0.20		27.00	
9月：第三方账单	0.75×560×0.30			126.00
9月：病人账单	0.25×560×0.20			28.00
账单总收入		433.625	435.750	449.750
养老基金收入		16	16	16
总现金流入		449.625	451.750	465.750

表6–6列示了现金支出预算的情况。

表6–6　澳大利亚医药在线：现金支出预算（截至9月30日，单位：万美元）

		7月	8月	9月
工资：	140 +（0.15×500）	215		
	140 +（0.15×540）		221	
	140 +（0.15×560）			224
采购		120	135	160

（续表）

	7月	8月	9月
上月			
利息			45
总现金支出：	335	356	429

然后，结合现金收入与现金支出，我们可以计算出需要借入的资金数量，如表6-7所示。

表6-7　澳大利亚医药在线：资金借入需求（10月1日，单位：万美元）

期初现金余额	23
预算现金流入（449.625+451.75+465.75）	1 367.125
减去预算现金支出（335+356+429）	(1 120)
9月30日预算现金余额	270.125
最低现金余额（0.15×180）	(271)
可用于资本支出的现金	243.125
预算资本支出	(330)
10月1日需借入的金额	(86.875)

因此，公司需要借入868 750美元。向债权人和投资者展示这样的预算表非常有用，它可以帮助他们以非常具体的方式看到你的计划是什么，并告诉他们你在规划企业的发展方面有远见。

如果澳大利亚医药在线希望管理、监控现金预算并计算出偏离预期的部分，就可以通过预算与实际的差异报告（variance report）来实现，在报告中列出每个月的实际支出与预算支出（我们将在第八章列举一个实例）。这种类型的报告可以从以下四个方面引导企业的决策。例如，报告可以：

- 显示预算金额；
- 明确实际完成的水平；
- 确定目标值与实际值之间的差异；
- 以百分比报告这些差异。

一旦我们计算出差异，就可以考虑导致差异的原因。差异是由我们未能预期到的事件带来的吗？供应商向我们索要了比预期更高的价格吗？我们是否比预期运营得更加精明并更好地利用了自身能力？我们需要调整自己的预期吗？

将预算与实际结果相比较，我们得以对这些问题进行探索并决定企业行动的转折点。这些活动有助于增强企业追求发展的进程。

利用负债为企业融资

一旦了解了企业的现金需求及在现金耗尽之前的求生方式，你就应当开始考虑如何真正地获得现金了。任何一家有潜力的企业都希望找到一种好的融资方式。企业可以通过多种方式进行融资。企业家或许决定通过利用自身资源从零开始发展企业。这种方式被称为自举法（bootstrapping），它具有保持创始人对企业的完整控制权的显著优势，因为他们掌握着企业的全部所有权。当然，他们要这样做就需要拥有初始的资金。

这种方式适用于面临的竞争性相对不那么激烈且具有非常稳定的发展路径的企业，但是大部分科技行业的企业无法通过这种方式满足需求。如果创业公司需要快速地扩张以抓住市场上的成功机遇，除非企业自己拥有十分雄厚的资金实力，否则就必须寻找其他的资金来源。你需要投入大量资金的时机包括开展研发（R&D）活动和知识的开发。而你知道，这些活动不会从一开始就获得快速的回报，并且存在极大的风险。因此，自举法被证明是一个艰难的选择。然而，你或许没有任何的选择！而其有利的一面在于，如果你选择了自举法的方式，你就会完全专注于自身的业务，无须考虑投资者或债权人的想法。并且，如果你真的这样做了并进入了一个需要进行外部融资的阶段，你在投资者心目中的印象会很好。他们将看到，你从一开始就非常成功地带领着企业前进，而他们也会相信，你将带着他们的投入继续成功下去。事实上，很多特别成功的企业家都是这样做的，从史蒂夫·乔布斯（Steve Jobs）到迈克尔·戴尔（Michael Dell）、皮埃尔·奥米迪亚（Pierre Omidyar）和杰夫·贝索斯（Jeff Bezos）。他们都用自举法从零开始发展创业公司，并在随后受到投资者的追捧［皮隆（Pilon），2016］。

你也可以为创业公司寻找到免费的现金。比如参加创业竞赛和资助竞赛，当然，参加竞赛并不保证你将最终获得资助。同时，也有政府为鼓励企业家和帮助创业公司而提供的税收激励及奖励。有时候，这些激励和奖励集中于特定的行业或特定的区域，或者其目的是帮助少数民族的企业家。这种方式的一个缺点是申请奖励需要准备大量的申请材料。而更重要的问题在于这些资助的时间并不能与企业的资金需求相匹配，而如果时间问题很关键的话，它并不能保证你可以获得资助。如果你通过这种途径获得了资助，其金额也可能无法满足你的现金需求，而你最终还要履行向资助提供者进行汇报的义务。

另一种途径就是加入创意实验室（Idealab）这样的孵化器。大型企业、政府机构、大学和风险投资公司有时会运营这样的孵化器。创意实验室将以非常低的成本为你提供一个共享的空间，以及有经验的员工和关系。如果你的创业公司开始扩大规模，你就能够进入加速器，这就是爱彼迎和云储存的方式。要进入顶级的加速器并不容易，如科技之星（TechStars）或Y孵化器（Y Combinator），但这种方式的确能够快速推动企业的成功。这些并不是唯一的选择——全球范围内的加速器数量正在增加（参考书末的“资源”部分）。除了确保得到一些资金支持之外，加入这样的团体还能让企业获得无价的知识与经验，以及一种建立积极的网络联系的快捷方式。同时，如果你的业务正在发展，那么企业也会获得其他投资者的关注。正如我们将在第七章讨论的，这种方式唯一的缺点就是，在企业变得强大之时，你可能不得不放弃部分股权！

最终，为了获得创业公司需要的资金，你需要从两种主要来源进行融资：债务融资和股权融资。在这两类融资中，有很多的细分类型。融资既可以是短期的，也可以是长期的。我们将在本章讨论债务融资，在第七章讨论股权融资。

债务融资

我们在第四章中谈到，留存收益和发行股票是两种最重要的长期融资来源。然而，企业也经常会通过债务进行短期或长期的融资，事实上，债务融资具有一定的优势。除了债权人的约束，企业可以自行决定如何支配资金，而企业也维持着完整的经营控制权。同时，债务融资可以采取非常灵活的方式，并且能够满足企业的具体要求和条件。显然，你的企业必须为借入的资金支付“租金”，但债务产生的利息可以在纳税前予以扣除。当然，如果你没有支付所欠的利息或借入的本金，你就会遇到麻烦，即创业公司的资产会被没收。更重要的是，在企业成立的初期，如果财务和信用价值还不可靠，你可能就无法获得贷款。当企业借入短期资金时，通常将其用于支付即期的现金需求。这里的短期是指债务的到期期限在一年以内，而长期债务则是指到期期限大于一年的债务。下面，我们将介绍短期债务融资和长期债务融资的主要类型。

短期债务融资

企业有时依赖于信用交易，即供应商为企业的购买提供的展期信用，通常期限不超过 90 天。但对于几乎没有存货购进的科技公司来说，这并不总是适用。如果企业没有持续经营的历史，供应商或许并不愿意提供交易信用的展期，除非企业与供应商之间的关系稳定且在以往交易中按时付款。因此，信用交易可能成为创业公司的障碍。但是，你可以利用其他形式的短期债务融资来替代。五种最重要的短期债务融资形式分别为：

- 银行及其他贷款；
- 应收账款融资；
- 保付代理；
- 存货融资；
- 融资租赁。

贷　款

银行贷款和透支是创业公司最常用的两种筹集资金的方式，它们极具灵活性并且能够快速满足企业的现金需求。但银行所提供的期限可能会各有不同，而所收取的利息则将取决于企业自身的条件和整体经济环境。透支和短期贷款通常与营运资金相关。所收取的利息高于长期贷款的利息，按照固定的时间表偿还且信贷额度递减。当企业不断发展，在出现相当持续的融资需求时，我们可能使用贷款来为营运资金融资。这意味着，贷款是中期的——通常的期限为 1 ~ 3 年，有时可以长达5年。一般而言，短期贷款或透支的利息率高于中长期的贷款。当我们需要使用中期贷款用于公司营运时，也可以将其用于部分的资产，如计算机设备或机器。这些资产为贷款提供了抵押品。通常，个人资产会被作为抵押品，或是与企业的资产一起作为抵押品。除了为营运资金或资产获得短期或中期的融资外，我们或许还需要长期的贷款，比如为企业购买专利。银行通常为此类贷款提供10年的期限，并要求企业按照固定的偿还时间表进行还款（详见下文）。

无论是哪一种贷款，你都需要明确偿还贷款的具体安排。当你向银行申请贷款时，必须提供现金预算和市场计划，以支持你的商业设想。贷款通常更适用于已经开始创造利润并显示出盈利能力的商业模式。但这并不是创业公司面临的情况。请记住，银行会考察企业的现金流预算、资产负债表和利润表，它们关注企业当前的负债水平、净资产和盈利能力。银行会测试财务比率来评价企业的流动性、效率、盈利能力、投资回报和资本结构，即我们在第五章讨论的全部内容。

应收账款融资

应收账款融资指企业将应收账款作为抵押品来申请短期贷款。银行并不会接受所有的票据作为抵押品，因为企业也可能有信用评级较低的客户。如果以信用方式购买产品或服务的客户付款很慢，那么企业就需要动用营运资金来支持企业更快地发展。此时，你就可以采用这种方式借款，它意味着将应收账款价值的一定比例释放到了正在增长的企业中。而随着销售收入的增加，企业获得的信贷额度也会增加。提供此类融资的公司会收取一定的费用，如开设费（也包括退出费），提出通知期限并且可能要求进行审计。创业公司也许能获得上限为票面金额85%的资金，并且一旦客户支付了全部费用，就可以利用剩余15%票面金额减去相应费用的部分继续进行融资。

保付代理

企业可以以折扣价格向银行出售特定的单据，也可以将其出售给独立的保付代理公司。购买单据的公司或银行直接向企业提供现金。此后，客户的债务归属于公司或银行，而不是企业。这种形式的融资比贷款的费用更高。例如，保付代理公司以单据票面价值的90%买入应收账款。整个过程包括三方：出售应收账款的创业公司；保付代理方，即购买应收账款的银行或保付代理公司；需要向保付代理方全额支付单据票面金额的债务人。

存货融资

存货融资指企业将存货作为抵押品来申请短期贷款。通常，原材料和产成品都可以作为抵押品为企业融资。存货可能在一定时间后失去价值，因此，与应收账款融资相比，存货融资更昂贵。如果企业的存货已经非常陈旧，则可能无法找到贷款人。很多科技公司都没有存货，因此，这种融资方式不会成为这类企业的可选方式。

融资租赁

融资租赁是指当金融企业购买资产时，以收取租金的方式把购买的资产租赁给创业公司。创业公司有权选择在一个共同商定的时间购买资产。当无法直接从银行取得贷款时，这是创业公司获得融资最主要的来源，但其费用高于贷款。尽管如此，从税收的角度来看，融资租赁是一种明智的选择。这是因为租赁成本可以全部费用化，但如果企业用银行贷款购买了同样的设备，它就会限制你将这部分费用作为税前扣除款项和折旧费用。

长期债务融资

创业公司通常需要更长期限的融资来启动企业，使其维持在平衡发展的轨道上并不段扩大规模。两种进行长期债务融资的渠道包括：

- 长期贷款；
- 债券。

长期贷款

长期贷款是最为常见的融资方式，期限为 5 ~ 10 年不等。长期贷款通常有固定的到期日和固定的利率。创业公司需要按月或按季度分期偿还，包括本金部分和利息部分。银行提供的贷款不会稀释企业的所有权，也不会对企业的业务经营形成任何程度的干预。但是，你需要注意银行的重要规定，特别是关于报告的要求。银行通常会在短期或长期贷款中加入限制性条款（restrictive covenant），以此使企业必须在支付其他可自由支配的支出之前先偿还贷款。尽管对部分创业公司而言，政府机构可能会充当其担保人，但企业创始人很可能需要提供个人担保。他们还需要考虑投资者如何看待此类融资。如果创业公司在资产负债表中有长期贷款，就形成了一项负债。而投资者知道，相对于其他部分，企业将会优先偿还贷款。如果潜在的投资者将贷款视为创业公司过去发展的代价，他们可能会在负债存在的情况下拒绝支持企业未来的发展。但是，如果能够获得长期贷款，将推动企业快速成长，而同时又能维持对企业业务经营的控制权。但请记住，并不是所有的创业公司都可以选择这种方式。

债券和资产质押贷款

在债券凭证中，借款人同意在一段时间内支付债务利息，然后再偿还本金。而债券则通常是可以在市场上交易的，同时通过集中的机构出售给公众。它们通常是由一些抵押品担保。个人、公司和机构都可以购买和出售债券。资产质押贷款由金融企业而非银行发行，以存货、股票或其他资产作为抵押品。创业公司通常没有机会使用这种形式的负债。

本章小结

我们考察了：

- 如何通过编制现金预算来说明企业的融资需求；
- 债务融资如何发挥作用，以及短期债务融资与长期债务融资的不同形式；
- 使用不同债务融资方式的相对成本。

复习思考题

1. 计算企业的现金需求你需要了解什么？
2. 描述三种创业公司融资的方式？
3. 创业公司发展的过程中可使用的短期融资方式有哪些？
4. 企业的现金预算如何反映出风险回避的程度？
5. 科技创业公司进行债务融资的三个缺点是什么？

延伸阅读

Jury, T (2012) *Cash Flow Analysis and Forecasting: The definitive guide to understanding and using published cash flow data*, Wiley, UK.

Tiffin, R (2014) *Executive Finance and Strategy: How to understand and use financial information to set strategic goals*, Kogan Page, UK.

参考文献

CB Insights (nd), The top 20 reasons startups fail, available from www.cbinsights.com/research-reports/The-20-Reasons-Startups-Fail.pdf [accessed 21.3.17]

Pilon, A (2016) Don't Have Money? 17 entrepreneurs who bootstrapped their start-ups from nothing, available at https://smallbiztrends.com/2016/03/entrepreneurs-who-bootstrapped.html [accessed 21.3.17]

第七章

企业价值是什么

为什么要进行股权融资，其来源和形式有哪些

如何计算你将出让的所有权

条款清单是你所期待的，但需要注意哪些内容

众筹是一个好主意吗

除了第六章介绍的债权融资，另一种融资方式是股权融资。此时，创业公司通过发行股票来获得资金。发行股票从本质上讲就等同于部分放弃了企业的控制权。这意味着失去了企业的完整所有权，并因此在进行企业决策时失去了完全的自主性。获得风险资本的支持需要花费大量的时间与精力。如果与投资人在公司策略方面存在分歧，你就可能因为现金枯竭而离开自己创立的企业。为什么即使是这样还要考虑股权融资呢？因为存在风险的同时，也存在着实际的动力。我们接下来将讨论通过股权方式进行融资的动力，以及这样做的不同方式。我们也将看到，你可以如何对自己的创业公司进行估值，以及重中之重的“条款清单”。最后，我们将提到众筹的新模式。因此，本章包括的内容如下：

- 为什么要进行股权融资，其来源和形式有哪些；
- 如何计算你将出让的所有权；
- 条款清单是你所期待的，但需要注意哪些内容；
- 众筹是一个好主意吗？

股权融资

部分放弃自己所创立的企业听起来似乎不那么合理。你最终只占有比企业初创时更少的股份，并且失去了决策权，你甚至被要求离开自己的创业公司。被自己的公司解雇的企业家包括：特拉维斯·卡兰尼克（Travis Kalanick）（优步），安德鲁·梅森（Andrew Mason）（团购网站 Groupon），诺拉·格拉斯（Noah Glass）（推特），杨致远（Jerry Yang）（雅虎），马丁·艾伯哈德（Martin Eberhard）（特斯拉）及爱德华多·萨维林（Eduardo Saverin）（脸书网）。你或许非常有哲理，并认为“了解个人能力的极限，并且理解什么时候对组织来说拥有其他假设的力量才是最好的，这可能是任何一位领导者所能具备的最优秀的品质”［索洛维奇（Solovic），2015］——但现在还不是这样！新的股权所有者可能让你被迫接受自己不赞同的决策。例如，苹果公司的联合创始人史蒂夫·乔布斯就在 1985 年离开了自己的公司。而首席执行官约翰·斯卡利（John Sculley）解释了事件发生的过程：

> 史蒂夫找到我并提出：“我想降低麦金塔电脑（Macintosh）的价格，并且对公司的广告支出进行调整，将大部分支出从苹果 2 手机转移到苹果电脑上。”
>
> 我回答道：“史蒂夫，这样做不会有任何作用。苹果电脑销售得不好与它的价格和广告支出没有任何关系。如果你这样做了，公司就会陷入全面亏损的危险之中。”而他完全不同意我的意见。
>
> 因此，我回复到：“好吧，我会把这些告诉董事会。”而他说：“我不相信你会这样做。”我说：“走着瞧吧。”
>
> 时任董事会副主席的迈克·马克库拉（Mike Markkula）被委派调查此事并提交一份报告：“7 到 8 天后，他向董事会回复‘我同意约翰的意见，但不同意乔布斯的意见’。”
>
> 莱恩（Lane），2013

很快，乔布斯离开了苹果公司并创立了计算机公司 NeXT——在12 年后苹果公司收购 NeXT 公司时，他才重新回到苹果公司担任首席执行官。但是，股权融资也有有利的一面：首先，如果你的创业公司失败了，你不会有任何负债；其次，你无须为负债支付利息，因此，你会拥有更多的资金来发展企业；最后，公司的投资者会真正给予你一些精彩的指导意见，因为你的成功就是他们的成功。他们将向你分享智慧，还可能会提供行业内的宝贵经验。他们也可以为你提供有价值的关系网络。

在进行任何外部融资之前，你可能已经从家人或朋友那里获得了创业的启动资金，但他们的资金不足以支持企业下一阶段的发展。在这一阶段之后，如果你的企业是值得投资的，就会吸引愿意承担高风险以追求潜在高回报的投资者。一部分投资者是对特定行业（包括科技行业）感兴趣的个人——天使投资人（angel investor）。由于天使投资人通常是基于自身偏好进行投资的非常富有的个人，因此他们愿意寻找很多不同的项目进行投资，但往往希望在投资的企业中持有股权。在早期阶段（种子阶段）进行投资的天使投资人，要么希望在创业公司中扮演十分积极的角色，要么就是充当提供资金的匿名合伙人。他们投资的金额一般少于管理其他投资人资金池的风险资本家投资的金额。在美国，种子轮的平均投资额为 114 万美元，中位数为62.5 万美元［蒂尔和格拉斯纳（Teare & Glasner），2016］。在英国，天使投资人平均对每家公司投资 4.2 万英镑，但各公司之间的金额有所区别，而“超级天使投资人”的投资可能超过 25 万英镑。［吉(Jee)，2017］。而在美国，该金额大约为几百万美元。他们为什么要投资呢？很可能是因为这些“超级天使”对企业家和金钱都很热爱吧！

由于承担了极高的风险，天使投资人将从投资中获得高额的回报。他们可能追求在5年左右的时间内，获得投资金额10~40倍的回报。他们期望从每一个创业公司中获得的回报非常高，但在整个创业公司投资的组合中，失败的企业非常多，因此总投资额最终的回报率在20%~30%。大量针对创业公司投资的研究表明，天使投资人平均在3.6年的时间内获得投资金额2.5倍的回报——对应的年化收益率为25%［齐普费尔（Zipfel），2016］。政府激励对于创业公司投资非常重要。在英国，企业投资计划可以为500英镑至100万英镑的投资收益和资本收益提供30%的税收减免。而种子企业投资计划则允许天使投资人在不同公司进行总额上限不超过10万英镑的投资，并享受50%的税收减免。在澳大利亚，投资者可以获得20%的税收补偿且资本收益享受税收豁免。而美国不同的州有不同的激励政策。例如，明尼苏达州（Minnesota）的天使投资税收优惠高达12.5万美元，并且向任何国家的居民开放。大部分国家都是通过税收减免来鼓励天使投资人的投资的。

获得了天使投资人的资助后，如果你的创业公司继续呈现出良好的发展潜力并需要进一步的资金支持，那么风险资本家很可能就是你的下一个目标。他们是对具有高增长潜力的创业公司进行投资的企业或基金，期望以资金交换创业公司的部分股权。一方面，仅有不到1%的企业能获得专业风险投资企业的资金支持，原因就是创业公司的高风险性；另一方面，超过一半的风险资本资金会投向科技公司。在投资具有较高的风险不确定性的情况下，早期阶段的风险资本投资会寻求较高的回报。他们期望通过退出策略（exit strategy）来实现回报，比如由另一家公司或私募股权来接手企业。这使得风险投资资金大都只适合于高增长的企业，最好要拥有领先的技术，既能够迅速成长为市场领导者，又显示出很可能获得30%以上的回报率。很多投资者会关注IPO，即企业的股份通过证券交易所进行公开交易。

由于承担了风险，早期阶段的投资者通常希望获得企业较高比例的股份。因此，在种子阶段，你可能要放弃公司控制权的 10%~25%。而在种子资本注入之后，风险资本家会提供 A 轮融资的资助，这一环节你可能要放弃 25%~50%。他们希望通过获得部分管理权的方式进行投资，以控制企业发展的方向。当投资者非常明确企业发展得非常好只是缺乏资金时，后续阶段的投资者就会进入。后续投资者由于承担的风险更低，可以接受更低的回报率。在最终找到和选择合适的退出机会之前，一家企业可以获得多轮融资。因此，在种子轮融资之后，还有 A 轮融资、B 轮融资、C 轮融资等。在每一轮融资中，企业都是为进一步增长投资，所以通常而言风险是逐次下降的。那么，如果在种子轮你仍然掌握着企业 100% 的控制权。但到了天使轮，控制权就减少了，如减少到 85%。而后续的 A 轮融资之后，你可能维持着 30% 的控制权，而 B 轮融资后，你的控制权可能就只剩下 20%。

风险资本的来源非常重要。最具实力的风险资本企业被称为第一梯队（Tier 1）风险资本，如加速合伙公司（Accel Partners）、标杆资本（Benchmark Capital）、安德森·霍洛维茨基金（Andreessen Horowitz）和红杉资本（Sequoia Capital）。2009 年，红杉资本向网络信使（WhatsApp）投资了 800 万美元，获得了该企业 15% 的股份。而在后续阶段的融资中，红杉资本共投入了 6 000 万美元。这意味着，当脸书网在 2014 年 2 月以 198 亿美元的价格收购网络信使时，红杉资本净赚了 30 亿美元——这笔投资的收益率高达 50 倍。然而，并非所有的投资都是如此赚钱，实际上很多投资都失败了。因此，风险投资基金必须具有敏锐的洞察力并且要非常谨慎地管理启动资金。例如，有 200 美元的资金投资于某个创业公司 30% 的股份，并在若干轮融资中实现投资。做出投资决策的一般合伙人将进行大量的研究，参与尽职调查，协商投资协议的条款并共同引导创业公司的成长。一般合伙人只对企业投资了少量的资金，而有限合伙人则是投入了大量资金的个人或企业（如养老基金、对冲基金和捐赠基金）。为了回报一般合伙人的贡献，他们一般收取 2%~2.5% 的管理费（Startupxplore 网站，2017）。他们也将从创业公司投资组合的利润中获得 20%，而剩余部分则由有限合伙人获得。企业能够获得多少资金及需要放弃多少控制权与投资者认为的企业价值紧密相关。现在让我们转向这个问题。

风险资本估值

你如何决定需要出让多少控制权呢？又应当获得多少金额作为出让的回报呢？这个数学问题本身非常简单，但是出让创业公司的控制权却非常困难。然而，它可以让你变得非常富有，因而值得认真考虑。假设你在 6 个月前创办了一家企业。现在，企业需要获得 60 万欧元的风险投资资本，投资人要求 25% 的控制权。我们将其称为 A 轮融资。

那么，如果 60 万欧元购买企业 25% 的控制权，则企业的投资后估值（post-money valuation）为：

60 万欧元 / 25% = 240 万欧元

一般而言：

投资后估值 = 投资者新注入的资金/投资者要求的股权

而投资前估值（pre-money valuation）为：

240 万欧元 - 60 万欧元 = 180 万欧元

也就是说：

投资前估值 = 投资后估值 - 新增投资

如果在投资前发行的股份数量为45万，则每股的价格为：

180万欧元/45万 = 4欧元

这意味着：

股票价格=投资前估值/投资前股数

要向投资者发行的股份数量为：

60万欧元÷4欧元/股 = 15万股

因此，现在总共有60万股：45万份原始股甲加上15万份新发行股份。创始人拥有全部股份的3/4（60万股的75%），他们的结转权益（carried interest）或“血汗产权”的估值为：

240万欧元×75% = 180万欧元

实际上：

结转权益=投资后估值×投资后股权

但是，让我们想象一下，6个月后，有一位天使投资人通过20%折价率的可转换债券（convertible note）向企业投资16 000欧元。换言之，天使投资人对企业进行种子轮投资，性质类似于贷款，而创始人统一向其支付本金和利息。但与此同时，在企业进行风险资本融资或出售企业时，天使投资人拥有将债券转换为股权的权利。这意味着，在A轮融资完成时，可转换债券可以转换为优先股。而兑换折价（conversion discount）使天使投资人能以低于A轮投资者20%的价格将借款转换为股权。可转换债券非常有用，因为在进行种子轮融资时，对创业公司进行估值十分困难。可转换债券在不对创业公司进行估值的情况下使融资成为可能，并且在企业表现良好的情况下，天使投资人的利益能够得到一定保障。因此，在我们的例子中，天使投资人购买股份需要支付的价格为：

80%×4欧元/股 = 3.20欧元/股

即天使投资人将获得：

16 000 欧元 ÷3. 2 欧元/股 =5 000 股

天使投资人以每股 3. 2 欧元的价格获得股份，而 A 轮融资的投资人以每股 4 欧元的价格获得。同时请记住，借款会产生利息，而这些利息也可以被用于以每股 3. 2 欧元的价格购买额外的股份。

有时，天使投资人会同意采用估值上限的方式来补偿自己承担的风险。例如，在我们的例子中，上限可以被设定为 100 万欧元。前面计算的企业投资前估值为 240 万欧元 ×75% = 180 万欧元，天使投资人获得股份的价格为：

100 万欧元 / 180 万欧元 ×4 欧元/股 = 2. 22 欧元/股

的确是不错的折扣！

在资金借出后，除了获得的利息，天使投资人最终还获得了：

16 000 欧元 ÷2. 22 欧元/股 = 7 207 股

但 A 轮融资投资人同样金额的投资仅获得了 16 000 欧元 ÷4 欧元/股 =4 000股。本例中，对天使投资人来说，保守方式的 20% 的折扣率不如估值上限划算（5 000 股与 7 207 股）。如果投资上限被设定为 160 万欧元，则天使投资人获得股票的价格为：

160 万欧元 / 180 万欧元 ×4 欧元/股 = 3. 52 欧元/股

最终获得：

16 000 欧元 ÷3. 52 欧元/股 = 4 545 股

通常，天使投资人会设定可转化债券同时包括折扣率和估值上限的条款。其思路在于，转换价格可以设定在一个股份的最低价格：基于估值上限的价格或者基于折扣的 A 轮融资价格。这将最大化天使投资人的收益。因此，在本例中，如果可转化债券被设定为同时包括 20% 的折扣率和 160 万欧元的估值上限，则债券将以每股 3. 2 欧元的价格进行转换（相较于每股 3. 52 欧元，这是一个更低的价格）。天使投资人最终获得的账面价值为：

4 欧元/股 ×5 000 股 =20 000 欧元

5 000 股是根据前面的计算得到的（16 000 欧元 ÷3.2 欧元/股），这是16 000资金的未实现收益，不包括可以以每股 3.2 欧元的价格进行转换的利息部分。假设债券以 4% 的利率发行。那么，在 6 个月后进行 A 轮融资时，累计获得的利息为：

0.04 × 0.5 ×16 000 欧元 = 320 欧元

这些金额可以被转换为 100 股（320 欧元 ÷3.2 欧元/股）。天使投资人最终将获得 5 100 股。如果 A 轮融资投资人仍然要求 25% 的控制权，那么在此轮融资后，天使投资人和创业公司共持有 75% 的股份。作为创始人，你的股份被稀释为：

（45 万股–5 100 股）/45 万股 ×75% =74.15%

天使投资人也有其他选择。除了转换折扣和上限，他们还可以在可转换债券中要求一定数量的认股权证（warrant）。例如，16 000 欧元可转换债券中有 30% 的认股权证比例。这将允许天使投资人将 16 000 欧元的债券以每股 4 欧元的价格（A 轮融资价格）转换为股份：

16 000 欧元 ÷4 欧元/股 = 4 000 股

最重要的是，他们可以通过执行认股权证来以相同的价格多购买 30% 的股份：

16 000 欧元 ×30% =4 800 欧元

4 800 欧元 ÷4 欧元/股 =1 200 股

天使投资人以这种方式最终获得 5 200 股，而这进一步稀释了你的股权。

如果天使投资人从一开始就计划将债券转换为股权，那么就不用以传统借款的方式来约定到期日和利息。相反，你可以通过一个“未来股权简单协议”（simple agreement for future equity，缩写为 SAFE）

来实现。这与可转换债券并没有那么大的差异——除了它不是一个债券！与债券不同的是，天使投资人期望在一个双方都同意的时点将其转换为股权，但并不希望收回自己的投资。当然，SAFE 也可以设定与之相关的折扣和上限。作为种子投资人，天使投资人或许会担心后续的投资人会以更有利的价格获得股份。如果出现这样的情况，你可以在可转换债券中增加一个“最惠国待遇”条款。这意味着天使投资人将比其他投资人获得同等的或是更有利的条件。

科技创业公司面临的一个问题在于，它们常常在很长的时间内都没有创造任何收入，但同时却需要继续获得大量的种子资金。基本风险资本公式（basic venture capital formula）由哈佛大学的萨尔曼（Sahlman）教授于 2009 年提出，用于解决暂时没有收入的创业公司的估值问题，它让我们能够计算出该类企业的投资前价值。其主要思想是从投资者未来希望到达的状态逆向求解。

为了了解这种方法，让我们将基本风险资本公式应用到一个实例中。假设你所在的市场中，科技公司的平均价值为其收入的 2 ~ 2.5 倍。一家风投公司希望向你投资 200 万。风投公司希望在未来 5 年内退出对你的投资，到那时，你的企业将获得 6 000 万收入，净利润为 500 万，市盈率为 15。这类风投公司希望从该笔投资中获得 25 倍的回报率。那么，这里的问题是：现在需要向投资者发行多少股票？价格是多少？

你的创业公司的投资前估值为：

6 000 万欧元 / 25 = 240 万欧元

5 年后，公司期望的价值为：

15 × 500 万欧元 = 7 500 万欧元

即：

退出时的价值 = 市盈率 × 退出时的净利润

风险资本家期望投资在5年内的价值变为：

25 × 200 万欧元 = 5 000 万欧元

此时，他们拥有的企业股份为：

5 000 万欧元 / 7 500 万欧元 × 100 = 66.6%

换言之：

退出时拥有的股权 = 退出时的投资价值/退出时的企业价值

这样，在本例中，投资后估值为：

200 万欧元 / 0.66 = 3 030 303 欧元

因此，投资前估值为：

3 030 303 欧元 - 2 000 000 欧元 = 3 030 303 欧元

这仍然是创始人的结转权益。

同时，如果投资前发行在外的股份数量为50万股，则投资后的股份数量为：

50 万 / 0.33 = 1 515 151 股

也就是说：

投资后总股数 = 投资前股数/（1 - 放弃的股权比例）

因此，风险资本家最终将获得的股份为：

1 515 151 - 500 000 = 1 015 151

因为：

每股价格 = 新增投资/新增股数

所以，每股的估值为：

200 万欧元 / 1 015 151 股 = 1.97 欧元/股

如果创业公司持续增长，很有可能会进一步融资。200万欧元的投资或许不是唯一的资金需求。让我们假设你预期在两年后进行150万欧元的新一轮融资，且在4年后再进行一轮100万欧元的融资。这就会使得早期投资者的股权进一步被稀释。

如果B轮融资投资者期望获得10倍的投资回报，则需要获得的股份为：

（10×150万欧元）/7 500万欧元×100 = 20%

如果C轮融资投资者期望获得10倍的投资回报，则需要获得的股份为：

（5×100万欧元）/7 500万欧元×100 = 6.66%

因此，在C轮融资后，A轮融资投资人拥有的股权会少于初始的股权。即：100% -（20% +6.66%）= 73.34%。B轮融资投资者的股权在C轮融资后也会下降为93.33%（100% -6.66%）。如果A轮融资投资人希望维持企业三分之二的股权，就需要考虑稀释的问题并进行更多的初始投资。现有股权的计算如下：

0.66/0.7334 =0.9

需要新发行的股份数量为：

0.9/（1 -0.9）×50万股（现有股数）= 450万股

每股价格为：

200万欧元/450万股 = 0.45欧元/股

发行在外的总股数为500万股。

对B轮融资投资者而言，现有的股权为：

0.2/0.9333 =0.214

所以，需要新发行的股份数量为：

0.214/（1 -0.214）×500万股（现有股数）=134万股

每股价格为：

150万欧元/134万股 =1.12欧元/股

C轮融资投资者需要新发行的股份数量为：

0.066/（1 -0.066）×634万股（现有股数）=443 801股

每股价格为：

100 万欧元 / 443 801 = 2. 25 欧元

对 7 500 万欧元的预期市场价值，总股数为 6 783 801 股。这等同于价格为 11. 06 欧元/股。A 轮融资投资人收益的预期回报为 5 000 万欧元（四舍五入）。

当清偿事件（liquidity event）发生时，风险资本投资者希望得到补偿。在进行投资时，投资者通常会确定一个优先清偿顺序（liquidation preference）。通常，这意味着在进行清偿时，部分股东将得到优先偿付，因为他们在企业初期承担了风险。例如，你和你的最要好的朋友拉胡尔（Rahul）都是创业公司的创始人，分别持有 40% 和 10% 的股份。另外 50% 股份则由聪明的风险资本家持有，他们对企业注入了 40 万美元的风险投资。最开始，风险资本家将优先清偿顺序确定为以下三种方式之一：

（a）“A”股持有者没有优先清算权；

（b）“A”股持有者获得 1 倍投资额的优先偿付；

（c）“A”股持有者获得 2 倍投资额的优先偿付；

让我们分别考察遇到清偿事件时，应用三种不同的清偿顺序会发生什么。我们将分别计算回收的现金为 40 万美元和 200 万美元的情形。

在（a）协议下，清偿事件得到的偿付额为 40 万美元时，投资者得到 50%，即 20 万美元。拉胡尔得到 4 万美元，而你得到 16 万美元。如果得到的偿付额为 200 万美元，那么投资者得到 100 万美元。拉胡尔得到 20 万美元，而你得到 80 万美元。

而如果使用（b）协议（1 倍投资额），40 万美元的偿付额意味着投资者将获得全部，因为他们的初始投资额为 40 万美元，而你和拉胡尔则得不到任何补偿。但是，如果偿付额为 200 万美元，那么投资者将获得 40 万美元加上 160 万美元剩余权益的 50%，即最终金额为 120 万美元。拉胡尔得到 16 万美元（160 万美元的 10%），而你得到 64 万美元。

如果（c）协议生效，当偿付额为 40 万美元时，投资者仍然会得到很多。而如果偿付额为 200 万美元时，那么投资者将得到 2 ×40 万美元 =80 万美元，加上 120 万美元剩余权益的 50%，即最终金额为 140 万美元。拉胡尔得到 12 万美元，而你得到 48 万美元。

不同的优先清偿顺序将极大地影响你最终获得的金额。最好记住：获得融资时所放弃的东西会产生影响——不仅对当前有影响，对未来也有影响。

因此，如果你正处在进行融资推介的时点上，如果你需要吸引天使投资人或风险资本家们提供资助，那么，你需要看看自己该如何与投资者缔结正式的关系。这意味着你需要仔细考虑条款和条件，一旦接受，它们就具有法律约束力。

投资条款清单：拿钱之前先看看

如果一个非常有钱的人想和你结婚，他可能会提出一些条款和条件，让你签署婚前协议。而如果婚姻关系结束了，这份协议将帮助你确定自己的资产、收入和财富发生了什么变化。在很多情况下，投资条款清单就像一份婚前协议：它规定了你和投资人之间的关系，以及关系结束时将如何处理财务问题。尽管如此，投资关系与婚姻关系不同，投资者通常会一开始就怀着结束关系的目的提出与你合作的协议——并且是尽快结束！投资条款清单列明了天使投资人或风险资本家希望你在正式获得投资之前予以考虑的条件，它写明了当创业公司最终通过 IPO、被其他公司兼并或收购或是清算时，各方将获得的金额。关键问题在于，由于条款清单以非常复杂的法律语言呈现，因此你了解的细节越多越好。你最好在接受投资之前，而不是在投资的过程中，了解具有争议的问题。投资条款清单允许你就条款进行协商，直到自己满意为止。而其中有很多值得考虑的事项，让我们做进一步的了解。

在接受一项融资提议之前，一些要点应该成为你的谈判清单上的优先事项。通常，投资条款清单包括三个主要部分：资金、公司治理和清算。这也是你所期望的。投资者希望你了解他们所投资的内容，如何追踪企业的经营状况，当然，还有他们如何从企业中获得回报。你很有可能先将重点集中在创业公司的估值问题上。大部分人希望获得较高的估值。但是，更低的估值可能为你带来更大的灵活性，因为投资者对创业公司日常管理方面的干预会更少。因此，不要一开始就着重追求估值的最大化。你应当同时考虑意向书中的所有条款。例如，投资条款清单的一个部分可以识别股票期权池（stock option pool）的必要性。其作用在于，在未来扩张规模时利用股票期权吸引人才。你也需要重视这个股票期权池在投资前和投资后分别有多大规模。确保自己了解，需要承担股份稀释负担的是自己。让我们更详细地讨论这个问题。

假设一位风险资本家拟为公司25%的股份投资100万美元。也就是说，企业的投资前估值为300万美元。随后，投资者可以要求获得20%的期权池，其中的股份是完全稀释的投资后估值。一般而言，他们希望你稀释自己的股权来为吸引员工买单。这意味着，你要从300万美元中出让80万美元［投资后估值（100万美元+300万美元）的20%］，即实际的投资前估值变为220万美元。换言之，除开期权池资金和出让给风险资本家的部分，你自己保留的股份仅为55%（220万美元/400万美元）。这种情况下，100万美元投资让你的股权减少了45%而不是25%。你将放弃公司26.6%的股份（80万美元/ 300万美元），只有这样股份才能下降到投资前估值的55%。而投资者本质上是要求你在不考虑股权稀释的情况下，拥有的股权就要下降到73.4%。因此，理解股权的稀释效应并审慎地协商非常重要。同时，请记住，如果企业继续发展需要进一步融资，未来的投资者也会提出类似的股权削减要求，因为已经有了先例。在数轮相似的融资后，你也许会发现自己只占据了原始蛋糕的一小部分。更重要的是，投资条款清单中的其他类似条款也会影响你在企业价值中的份额。投资者可能会希望你为自己的股权投资。也就是说，他们需要确保你和公司始终在一起并保持高度的忠诚。由于这个原因，准备一份对你有用的创始人股票解冻时间表很重要。

你最看重的是经营创业公司的过程中拥有灵活性和最少的干预。当你就投资条款清单的内容进行协商时，你需要知道，除了这些过度稀释股权的条款，投资者还要求你放弃什么。请记住，董事会的构成和股东的投票权将影响你对企业管理的控制权。因此，小心关于董事会规模、任命条件和自主任命独立董事的能力方面的条款。同时，正如我们前面所看到的，投资者可能会尝试构建企业被出售时的多重优先清偿（参见前例）。所设定的倍数越高，企业就被稀释得越多。类似地，参与股份出售也意味着你得到的蛋糕更小。被设定一个“上限”可能更好。最后，你出让给投资者的越多，留给自己的就越少。

你的目标始终是尽可能地筹集更多的资金，同时确保维持公平的决策权并且不会过多地放弃自己一手创立的公司。而投资的目标是在退出时尽可能最大化投资回报。可以看到，投资者为了实现这一目标在条款中提出了相当多的要求——因此，在协商过程中，一定要让双方的目标都尽可能地得到了满足。投资条款清单可能非常复杂，不易于理解，但真正了解你能得到什么和你需要做什么非常值得。网络上有很多投资条款清单的示例。我们在以下的文本框展示了一份向苏西（Susie）和乌呼鲁（Uhuru）提供的投资条款清单（见案例 7-1），以满足他们创立的蓝科（BlueTech）公司的融资需求。

案例 7–1　投资条款清单示例

由 Investix 公司（以下称为“投资人”）向蓝科公司（以下称为“公司”）提供的优先股 A 轮融资。

投资方案

投资人：

Investix 公司

公司：

蓝科公司

创始人：

苏西和乌呼鲁

投资金额：

投资人以优先股的形式向公司提供资金 100 万美元（“优先”），初始价格为 10 美元/股。

投资前估值为 400 万美元。投资者以投资部分获得公司 20% 的股权，计算基础为完全稀释的股权。投资后估值为 500 万美元。投资前和投资后资金资本化的情况如附录 A 所示。

股息：

董事会宣布的非累计股息率为 8%，按比例分配普通股股息。

资金用途

投资收益的用途包括：

- 营运资本：20 万美元
- CAD（计算机辅助设计）设备：50 万美元
- 市场营销：30 万美元

投资前提条件

优先清偿条件：

股东的目标是增加公司股份的价值，并通过退出事件来实现这一价值。IPO，出售公司股份、业务或资产、合并或类似的交易将被视为退出事件。

优先股持有者将有权在退出时获得一倍初始价格的收益，并获得向普通股持有者支付的收益。

转换条件：

优先股可以在任意时间以持有者选择的方式转换为普通股。转换的初始比例为 1∶1，并根据股票拆分、股息等进行调整。

信息知情权：

公司将向每一位优先股持有者提供以下信息：未经审计的年度财务报表；未经审计的季度财务报表和年度商业计划。上述信息在每个月结束后的 25 个工作日内提供。同时，投资者将在本会计年度结束后的 4 个月内收到公司的年度审计财务报告。在公司退出或变更控制之前，这些信息知情权效力保持不变。

保护性条款：

以下事项需要征得大多数优先股持股人的同意：任何影响优先股持股人的权利、偏好、特权及权力的公司章程的变更；董事人数或董事任职人数的变更；批准合并、资产出售、清算或其他公司重组或收购。

优先认购权和反稀释条款：

投资者有权按一定比例优先购买该公司新发行的股票。该权利将在公司 IPO 或董事会批准退出后立即终止。

联合售卖权：

投资者有权在出售股份给第三方的同时将股份出售给投资者，并以相同的条件向投资者提出任何收购要约。如果第三方指定了可以购买的最大数量的股份，那么创始人和投资者就可以向出售他们所持股份的比例出售给第三方。

董事会选举权：

董事将由董事会任命以满足：其中一名董事由优先股持股人指定（“投资者提名人”）；其中一名董事由创始人指定；其中一名董事由普通股持股人指定，并同时受到投资者提名人和创始人的认可。

期权计划：

公司将在A轮优先股融资后，保留部分被完全稀释的普通股用于员工激励计划，以满足将来对董事、管理人员、员工和咨询者发行股票，比例如附录A所示。

创始人事项：

所有的知识产权和其他相关权利都是公司具有完全法律权利和不受限制的财产。

特别保护权：

所有的股票及股票等价物都遵循以下解冻时间表：35%在优先股发行后的第一年年末解冻，其余部分在未来3年内按季度解冻。在终止股东的聘用后，公司将保留以较低的成本或当前的公平市场价值回购任何未解冻的股票的选择权。

费用与支出：

公司将自行承担费用与支出，并为投资者支付不超过20 000美元的合理法律费用。创始人持有的任何发行在外的普通股都遵循解冻计划的条款。

有效期限：

上述条款的有效期限至××××。

保密责任：

本条款及任何相关的讨论和函件应由公司绝对保密，不得和任何与融资无关的第三方联络。在30天内，公司不得向其他各方寻求投资资金。

蓝科公司　　Investix 公司

日期与签名　日期与签名

附录 A：资本构成表

股东姓名	发行前股份数	期权	已发行优先股数量	完全稀释的股份数	完全稀释的股权
苏西 创始人 1	500 000	–	–	500 000	35%
乌呼鲁 创始人 2	500 000	–	–	500 000	35%
发行前持有的股份数	1 000 000	–	–	1 000 000	
投资者	–	–	285 714	285 714	20%
期权池	–	142 857	–	142 857	10%
发行后持有的股份	1 000 000	142 857	285 714	1 428 571	100%

你比其他人更了解自己的创业公司。正如马里诺娃（Marinova，2016）的解释，风险资本家对它的理解或许是错的……甚至令人终生遗憾。柏尚风险投资公司（Bessemer Venture Partners）的尼尔·布朗斯坦（Neill Brownstein）没有对苹果进行投资，原因是他认为苹果IPO前的估值“高得惊人”。莱勒风投（Lerer Ventures）的本·勒雷（Ben Lerer）也没有去追踪本应该抓住的对优步的投资机会，而他后来提道：“我没有投是因为我不相信自己的胆量。”而1999年，柏尚风险投资公司的合伙人戴维·考恩（David Cowan）把自己的车库租

给了谷歌的联合创始人，当这些名不见经传的创始人需要考恩对车库进行介绍时，他对合伙人说："是学生？一个新的搜索引擎？我如何在不靠近车库的情况下离开这所房子？"而考恩对亿贝的认识则是："邮票？硬币？漫画书吗？你一定是在开玩笑。不必花费脑筋了。——下一个。"所以，不要害怕大胆！

众筹如何

众筹是从数量众多的个人手中募集资金的方式，每个参与者投资的金额较小。这种方式可以有效地为企业发起一项募资活动，并告诉全世界你的创意、需要的资金数量及时间。很多捐赠者不要求任何的回报，或者仅仅是希望得到小小的感谢，这使得基于捐赠的众筹非常合理。众筹不仅适合于企业的创业活动，还适合于所有宣称能够创造价值的项目。尽管超过三分之二的募资活动无法达到资金目标，但众筹仍然在帮助创业公司通过债务（债务众筹）或股权（股权众筹）及奖励获得资金方面有大量成功的经历。这是一个发展迅速的行业，全球已有超过2 000家众筹平台。在创业公司中，从众筹获得的资金超过从风投公司获得的资金。根据世界银行的数据，2020—2025年，全球的众筹规模将超过900亿美元大关［众筹者网站（Crowdfunder.com），2016］。而其他预测甚至显示会增长得更快（PIN Blog，2016）。

债务众筹或点对点（peer-to-peer，缩写为P2P）借贷让投资者把资金投入企业中，期望能够从中获得一定的利息。而股权众筹就像它的名字一样，让投资者获得企业的股权。股权众筹的网站包括众筹魔方（Crowdcube）、初创众筹（Fundable）和种子众筹（Seedrs）等。这种方式非常适合募集周期持续数月且募集金额在10万美元以上的科技创业公司。奖励式的众筹平台包括Kickstarter、Indiegogo、Derev、

FundRazr、Justgiving 和 Booomerang。在这种模式下，企业无须向投资者提供股份，只需要给予投资者一定的奖励——就像它的名称所显示的。如果创业公司实现了资金募集的目标，众筹网站就会收取 5% 的费用，而支付结算方单独收取 3%～5%。目前，众筹平台有 1 000 多家，涉及的模式、行业和国家各不相同。部分网站提供了对众筹平台进行评级和在不同平台之间转化的途径（如 Crowdfunding.com、CrowdsUnite.com、crowd101.com）。

显然，在吸引普通的公众进行投资时，创业公司必须要有一定程度的监管。但是，通常的情况是，对企业投资监管的系统滞后于前沿科技发展的脚步。尽管如此，针对众筹的监管正在尝试如何更简便地利用这种方式而不是让这种方式的使用更加困难，因为监管者非常关心鼓励企业家发展的政策。比如，欧洲联盟委员会（European Commission）就把众筹作为“一种有支持创造就业、经济增长和竞争力的重要非银行融资来源”［沃德罗普和齐格勒（Wardrop & Ziegler），2016］。在美国，《企业振兴法案》［Jumpstart Our Business Start-Ups（缩写为 JOBS）Act，俗称《乔布斯法案》］也鼓励为小型企业的融资提供便利。《乔布斯法案》规定了可以通过众筹方式进行融资的金额。这样做的目的是在保护投资者的同时提高企业家获得资金的可能性。英国同样走在制定众筹监管政策的最前沿。英国金融监管局（Financial Control Authority）发布了关于投资和贷款型众筹的规定，在改善创业公司发展机遇的同时保护投资者的利益——尤其是非高净值人群或不了解风险的投资者。

众筹的确有一些优点。除了能够相对迅速地筹集资金，它还能为企业树立起品牌意识，并让你对产品创意进行市场测试。如果你有一项不错的创意，但这项创意完全无法吸引传统投资者，众筹可能就是你想要的取悦大众的方式。此外，你的创意拥有众多投资者的支持，他们便成为你的产品天然的营销人员。而这些投资者的目的不是为了获得企业的控制权。同时，你还可以据此对企业进行估值。众筹无疑是一个正在迅速发展的创业公司的资金来源。尽管如此，一些顾虑还是必须要有所思考的。正常来讲，向外界宣布自己的创意是创业公司的创始人需要避免的。你或许首先应当申请专利、保护版权或设计。同时，没有实现众筹的目标可能会影响企业的声誉，尤其是那些承诺会提供资金的人。而由于你邀请了普通公众进行投资，企业将面临全面的尽职调查（extensive due diligence），而政府也将实施严格的监管以保护普通公众的利益。你需要准备好大量的文件（法律披露、文件报告、财务报表等），而完成这些都需要成本。这些文件通常在你还不知道企业是否能够成功地筹集到资金时就要提交，你可能需要为此花费 30 000 美元［普里维（Prive），2016］。而随后，你还必须向平台支付费用。当然，在成功募集了资金之后，报告仍然要继续。同时，如果你每年筹集的金额超过了上限，就会被认为有问题（《乔布斯法案》第三章规定了每年的限额为 100 万美元）。所以，小心行事。

本章小结

我们考察了：

- 股权融资如何解决资金难题；
- 获得股权融资的不同方式及自己能够保留的东西；
- 为什么理解估值和稀释对现在与将来都很重要；
- 投资条款清单——请仔细查看；
- 众筹如何运作，为什么你需要同时接受它的优点和缺点。

复习思考题

1. 除了资金，天使投资人还有什么其他的价值？
2. 描述股权融资的三个缺点。
3. 解释为什么创业公司未来的收入会告诉你企业现在的价值。
4. 如果你是蓝科公司的联合创始人，你会同意投资条款清单中的条款和条件吗？
5. 什么会阻碍你使用众筹方式为创业公司融资？

延伸阅读

Cunningham, WM (2017) *The JOBS Act: Crowdfunding guide for small businesses and start-ups*, Springer, Maryland.

De Vries, H, Van Loon, M and Mol, S (2017) *Venture Capital Deal Terms: A guide to negotiating and structuring venture capital*, HMS Media Vof.

Feld, B and Mendelson, J (2016) *Venture Deals: Be smarter than your lawyer and venture capitalist*, Wiley, New Jersey.

Rich, JR (2014) *The Crowd Funding Services Handbook: Raising the money you need to fund your business, project, or invention*, John Wiley & Sons, New Jersey.

参考文献

Crowdfunder. com (2016) Trends show crowdfunding to surpass VC in 2016, available from https：//blog. crowdfunder. com/trends-showcrowdfunding-to-surpass-vc-in-2016/ [accessed 21. 3. 17]

Jee，C（2017）How to become a tech investor：Tips and advice from angel investors in tech start-ups，available at www. techworld. com/careers/how-become-tech-investor-tips-advice-from-angel-investors-3653386/ [accessed 21. 3. 17]

Lane，R（2013）John Sculley just gave his most detailed account ever of how Steve Jobs got fired from Apple，available at www. forbes. com/sites/randalllane/2013/09/09/john-sculley-just-gave-his-most-detailedaccount-ever-of-how-steve-jobs-got-fired-from-apple/# 5d99782fc655 [accessed 21. 3. 17]

Marinova，P（2016）I passed on Tesla：VCs confess their biggest regrets，available at http：//fortune. com/2016/10/06/uber-apple-snapchat-misseddeals/ [accessed 21. 3. 17]

PIN Blog（2016）The best crowdfunding platforms in Europe，available at http：//blog. privateinvestmentsnetwork. com/the-best-crowdfundingplatforms-in-europe/ [accessed 21. 3. 17]

Prive，T（2016）Why equity crowdfunding could be dangerous for investors and entrepreneurs，available at http：//fortune. com/2016/05/06/equitycrowdfunding-could-be-dangerous/ [accessed 21. 3. 17]

Sahlman，WA（revised 2009）The basic venture capital formula，Sahlman and Willis，HBS Industry Background Note 9-804-042

Solovic，S（2015）Thanks for everything，now get out！When founders get fired，available at https：//www. entrepreneur. com/article/243476 [accessed 21. 3. 17]

Startupxplore（2017）How does a Venture Capital firm work?，available at https：//startupxplore. com/en/blog/how-does-a-venture-capital-firm-work/ [accessed 21. 3. 17]

Teare, G and Glasner, J (2016) CrunchBase sees rise in average seed round in 2016, available at https：//techcrunch. com/2016/09/07/crunchbase-sees-rise-in-average-seed-round-in-2016/ [accessed 21. 3. 17]

Wardrop, R and Ziegler, T (2016) A case of regulatory evolution：A review of the UK Financial Conduct Authority's approach to crowdfunding, available at www. crowdfundinsider. com/2016/07/88046-case-regulatory-evolution-review-uk-financialconduct-authoritys-approach-crowdfunding/ [accessed 21. 3. 17]

Zipfel, J (2016) What returns do angel investors make?, available at http：//startupfundingclub. com/what-returns-do-angel-investors-make [accessed 21. 3. 17]

第八章

追踪创业公司的成长

你和你的投资者都关心企业的投资收益率

你需要考虑产品的成本并知道什么时候偏离航向

获取和维护客户非常昂贵——如何监控

想要退出时应该怎么做

追踪你的创业公司

现在，你已经获得了投资者提供的资金，接下来就应当将注意力集中在企业的成本、收入、利润和投资收益上。在本章，我们将考察几个推动创业公司发展的财务管理概念。你和你的投资者都希望投入企业的时间、资源和资金能够带来收益。那么，让我们从探讨最为重要的“投资收益率”指标开始。我们将讨论基本的成本会计方式有多么重要，尽管有时需要使用“作业会计”（activity accounting）来真正驱动利润的增长。尤其是对科技公司和处于成长阶段的产品的投资让企业的成本迅速增加时，成本管理的方式应用起来就非常方便。我们将看到，了解获取客户的成本并确定客户的终身价值对创业公司非常重要。你将在本章中学习到，如何利用这些信息来提升企业发展过程中的策略，同时确定企业的转折点和转变企业发展的方向。或许有一天，你决定离开这家成功的创业公司，那可以选择哪些退出策略呢？最后，我们将用一张“创业公司追踪表”来结束本章的内容，该表将本书讨论的所有内容放在一张评分卡中，帮助你对创业公司的表现和进展进行评价。因此，我们将讨论以下内容：

- 你和你的投资者都关心企业的投资收益率；
- 你需要考虑产品的成本并知道什么时候偏离航向；
- 获取和维护客户非常昂贵——如何监控；

- 想要退出时应该怎么做；
- 追踪你的创业公司！

回报应该是这么多吗

所有的投资者都追求投资回报。在第五章，我们考察了如何使用比率来分析创业公司的表现。一旦你从投资条款清单中知道了投资者希望从企业中得到什么，你就可以用投资收益率（return on investment，缩写为 ROI）这一指标来评价企业的表现。天使投资人和风险资本家极为关注投资收益率。通过显示投资金额所产生的利润，ROI 揭示了企业实现回报的能力。我们可以按照以下方式计算：

投资收益率 = 收入/投资总额

因此，投资者会从这样的角度来看：

投资收益率 =（投资收益 - 投资成本）/投资成本

正如第七章所提到的，我们可以假设企业的天使投资人希望基于自己的投资组合获得 20%~30% 的回报，而风险资本家寻求的回报率则不低于 30%。但是，投资者们提出的 25%~30% 的最低收益率是什么含义呢？他们所指的最低收益率是指内部收益率（internal rate of return，缩写为 IRR）。这是对企业投资产生的未来现金流进行折现的利率，它确保企业未来现金流的现值之和等于现在支出的投资额。计算公式如下：

$$CF_1/(1+r) + CF_2/(1+r)^2 + CF_3/(1+r)^3 + \cdots - \text{初始投资} = 0$$

其中，r 为内部收益率，CF_1 为第一期的净现金流入，CF_2 为第二期的净现金流入，CF_3 为第三期的净现金流入，依此类推。

假设你在企业的筹资中投入了 100 万美元。表 8-1 展示了投资者希望得到的回报。

表 8-1　投资者的期望　　（单位：万美元）

投资	投资收益率	继续回报	现金流
100	× 30% = 30	+ − 30	0
130	× 30% = 39	+ − 39	0
169	× 30% = 50.7	+ 1 69	219.7

当风险资本家平均期望得到30%的回报时，他们并非真的希望在每年年末获得现金支付。由于在第一年或第二年年末没有支付现金，所以他们希望这些尚未支付的现金流以30%的回报率逐年按照复利方式累积。也就是说，内部收益率是30%的原因在于内部尚未支付的现金也会获得30%的投资回报。因此，如表8-1所示，一笔投入创业公司的100万美元投资在3年后的价值为219.7万美元。

然而，我们都知道事情的结果并不总是和计划一致。对一个风险资本家来说，也许只有1%的创业公司能够为其创造惊人的20倍回报率。或许，只有四分之一的投资可以提供10倍的回报率。而几乎四分之三的企业都只能带来可以忽略不计的回报，甚至没有回报。因此，投资者真正寻找的创业公司，并不是100万美元投入在三年后变为219.7万美元的企业。如果是这样，也不会持续太久，因为太多失败的创业公司没有实现任何回报！风险资本家唯一能够赚钱的方式就是投资预期能够带来10～20倍现金回报的创业公司。他们需要选择一家可以实现这个目标的企业以及一些（约为总数的四分之一）能带来2～3倍回报的企业。如果其他投资的企业都失败了，那么这将导致总回报率下降。尽管如此，从全局来看，他们的投资将创造30%的必要内部收益率。

所以，这些要求会把你置于什么样的境地呢？如果获得了资金，你的预期回报率可能是10倍甚至更高。如果你的投资者也预期3年内获得10倍于投资的回报，其对应的内部收益率为115%——也就是说，每年的年化投资收益率必须达到115%，才能在3年后实现10倍的回报率。你需要持续地检查自己是否还在为这个目标努力——因为投资者也会检查！为了帮助你，你可以用另一种方式来看待内部收益率。你可以将内部收益率分解为两个企业的其他元素：销售净利润率（sales margin）（净利润/销售收入）和投资周转率（investment turnover）（销售收入/投资总额）：

投资收益率 = 净利润/销售收入 × 销售收入/投资总额

因此，如果企业的销售收入为300万美元，带来的净利润为172.5万美元，而投资总额为150万美元，那么企业的投资收益率为57.5%，投资周转率为2。这将创造115%的投资收益率，即你在未来3年中每年都必须保持的投资收益率。而科技创业公司更有可能出现的情况是，你会看到企业早期的利润和销售收入都比较低，但随后会出现快速增加并最终在3年的时间中实现115%的内部收益率。你可以依靠企业的策略来增加单位收入所带来的利润，并减少单位收入所耗用的资产。如果你改善了其中的一个方面，甚至同时改善了两个方面，就会使企业的投资收益率加速增长。你需要两手抓：一手抓管理，一手抓投资。你需要通过从企业角度理解影响投资收益率的因素来管理企业的运营，同时通过投资者的要求来推动投资收益率的增加。而投资者将通过考查内部收益率和构成投资收益率的内部监控指标（收入、成本和耗用的资产）来对企业做出评价，因此你需要关注这些内容。

科技公司如何计量产品成本

如果你要着手最大化投资收益率，一种实现方式就是减少创造收入所耗用的资产（即增加投资的周转率）；另一种方式便是最大化单位收入带来的利润，使得销售净利润率尽可能高。两种方式都可以提高企业的投资收益率。但是，什么是单位利润呢？要计算单位利润，你就需要知道产品的单位成本，因此这就是我们现在要讨论的问题。对于生产有形产品的科技公司而言，产品的成本包括人工成本、材料成本及间接费用（间接成本和运营企业的固定支出）。通常，在生产每单位产品的过程中耗费的材料和人工非常直观，易于跟踪。但间接费用的计量就要困难一些：有时，这些成本尚未发生（如每半年一次的保险支出），或者无法把成本匹配到每单位产品上。这种情况通常在企业存在信息系统成本或考虑自动化设备的折旧时出现，这些设备常被用于生产多种产品。

成本会计

企业中存在随产量变化而变动且能够记录的变量，很多企业都尝试将这样的变量与间接费用联系起来，以此来分摊单位产品的间接成本。这些变量可以是产品产量、发生的人工成本或设备工作小时数等。让我们来看一个例子。

假设一家名为耳朵邮件网（Earmail. com）的生产蓝牙耳机的创业公司，公司位于加拿大新斯科舍（Nova Scotia）。这些蓝牙耳机大声朗读来自选定用户的邮件，同时耳机的使用者也可以回复邮件。耳朵邮件网在两个车间——A 车间和 B 车间生产不同型号的蓝牙耳机。A 车间倾向于劳动密集型，而 B 车间则使用两个机器人。耳朵邮件网确定了间接费用预算分配率，以将间接费用分配到每一个蓝牙耳机上。它采用了一种基于已发生人工成本的标准分配率，来计量 A 车间的间接费用。由于 B 车间的主要活动是利用两个机器人进行生产，耳朵邮件网就采用了基于机器人使用小时数的标准分配率来计量该车间的间接费用。这里的“标准”是指每单位的预算成本。

第一年年初，耳朵邮件网进行了以下估算（见表 8–2）。

表 8–2　耳朵邮件网：资源耗用估算　（单位：美元，小时数除外）

	A 车间	B 车间
直接人工	25.6 万	
机器人小时数		4 万
间接费用	28.8 万	30 万
间接费用分配率	直接人工成本的 112.5%	7.50/机器人小时

XL 号的蓝牙耳机是耳朵邮件网的产品之一，我们需要计算该产品的成本。1 月 17 日，生产 20 个蓝牙耳机的成本如表 8–3 所示。

表 8–3　耳朵邮件网：20 个 XL 号蓝牙耳机的生产成本

（单位：美元，小时数除外）

	A 车间	B 车间
原材料	40	80
直接人工成本	64	42
机器人小时数		26

因此，耳朵邮件网可以基于标准分配率（A 车间为 112.5%，B 车间的机器人每小时使用成本为 7.50 美元）计算出 XL 号蓝牙耳机的单位成本（见表 8–4）。

表 8–4　耳朵邮件网：20 个 XL 号蓝牙耳机的总成本　（单位：美元）

A 车间		B 车间	
原材料	40.00	原材料	80.00
直接人工	64.00	直接人工	42.00
生产部门分配的间接成本（$64 x 112.5%）	72.00	生产部门分配的间接成本（26 x 7.5）	195.00
总计	176.00		317.00

总成本：

176.00 美元 +317.00 美元 =493.00 美元

493.00 美元 / 20 个 =24.65 美元/个

耳朵邮件网可以计算出包括实际材料和实际发生人工成本的单位产品成本，但它需要通过对人工成本和机器人使用小时数的加成率来估计 A 车间和 B 车间的间接费用。耳朵邮件网的管理层搜集了这两方面的信息，即 A 车间是劳动密集型，而 B 车间是资本密集型（资本就是机器人）。这为耳朵邮件网提供了即时的单位成本。但是，我们知道，他们会根据公司在年初制定的预算来估计单位间接费用。这些估计有可能会在年底出现一些偏离。如果是这样的话，耳朵邮件网就必须要在年底对差异进行调整，这些差异源于 XL 号蓝牙耳机成本的实际值和估计值之差。

然而，对耳朵邮件网来说，使用间接费用估计值的优势非常明显：这种方法可以让企业计算出总成本（估计值），从而计算出产品的盈利能力。他们使用所有的信息来完善和影响投资收益率的计算，因为他们必须监控影响投资收益率的所有因素。适时的估计通常比滞后的准确计算更有用。同时，如果一项估计最终被证明是错的，耳朵邮件网就希望知道是什么导致了估计值与实际值之间的差异。这对创业公司自身来说非常重要，因为它揭示了关于不确定性来源的信息。在会计年度结束时，企业可以非常轻松地调整间接费用的估计值和实际值之间的任何差异。差异的来源会向你提供与市场条件、创业公司的预测效果及成本上涨原因相关的信息。

关注差异

假设在第一年年末，耳朵邮件网管理层发现，A 车间的实际间接费用是 32 万美元（而不是 28.8 万美元），B 车间的实际生产成本是

27.6 万美元（而不是 30 万美元）。他们还发现，A 车间的实际直接人工成本为 29.6 万美元，B 车间的实际机器人使用小时数为 3.6 万。这意味着，每个车间的间接费用都存在过度分配或分配不足（有差异），而集中运营的总体间接费用也是如此。表 8–5 展示了如何计算差异。

表 8–5　耳朵邮件网：间接费用分担　（单位：美元）

分担的间接费用（29.6 万的 112.5%）	33.3 万
实际的间接费用	32.0 万
过度分配的间接费用（A 车间）	1.3 万
分配的间接费用（3.6 × 7.50）	27.0 万
实际的间接费用	27.6 万
分配不足的间接费用（B 车间）	(0.6 万)
总过度分配的间接费用（A + B）	7000

这些差异意味着，成本的估计并没有与实际耗用的金额相匹配。根据成本的用途（例如，为 XL 号蓝牙耳机定价或者决定是否值得将部分组装外包），相对准确地确定分配率非常重要。耳朵邮件网应当持续地关注这些差异并找出其存在的原因。在做出明智的决策时，了解差异出现的原因非常关键。

对于创业公司，采用成本估计就意味着实际成本很有可能和我们的预期存在偏差。考察差异非常有价值，因为这可以告诉我们，什么时候需要改变决定甚至战略，以及如何改变决定或战略。创业公司应当持续使用企业环境中所获取的信息，来决定什么时候改变企业的行动路径。而成本系统就是一个巨大的资源。创业公司可以持续地使用它来监测拐点，并寻找现有运营需要改变的信息，从而支持企业的商业假设。有时，差异可以告诉我们，企业需要重新审视自身的商业模式。耳朵邮件网所进行的间接费用估计就可以帮助公司基于即时估计的基础来计量成本，而不用承担使用实际间接费用等待时间过长的风险。耳朵邮件网也可以利用其估计来考察企业对未来的理解是否在正确的轨道上。差异的大小也显示出环境变化的快慢程度。因此，差异可以帮助创业公司降低在需要改变之时却长时间地遵循固定路径的风险。从这个角度来看，发现实际情况与计划之间存在差异并不总是坏事。差异分析可以为创业公司在市场波涛汹涌之时提供方向。

但是，如果我们将间接费用的实际值与预计值进行比较，就不应当同样地关注材料和人工成本吗？事实上，企业正是这样做的。它们开发了标准成本系统，对所有的成本设定一定的标准。这些信息帮助企业计量产品的成本，评估企业各部分的表现并管理风险。如果创业公司相对于预期的偏差或差异超过了可接受的范围，他们就可以将此作为需要转向其他行动路径的信号。

采用标准成本的原因之一在于，这种方式会让我们去调查是什么导致预期和实际结果存在偏差。如果创业公司实际的利润不在计划之内，差异就取决于销售收入和成本与预期值偏离的程度。这就提出了这样一个问题，即我们如何利用现金预算来计算出融资需求。为了较好地预测融资需求，你需要了解差异的来源。例如，考察预期销售收入与实际销售活动之间的差异就非常有用。你或许会发现，自己制订了计划，但计划中预测的销售量并没有实现。你不能让思维陷于静止的状态。你希望开发一种被称为灵活预算的计划，而不是静态的计划。让我们来看一个例子。假设有一家位于哥本哈根（Copenhagen）的名为斯蒂尔赫德应用（Stilhed ApS）的创业公司，该企业生产可以让任何手机都静音的小插头。其中的一款产品是斯蒂尔赫德苹果手机应用（iPhoneStilhed），它可以让苹果手机上的提示、警告和应用完全静音（这些内容即使被设定在“静音”状态也不是完全静音的！）。假设10月份，斯蒂尔赫德应用预计以每单位20丹麦克朗的售价销售

6 万个，其变动成本为每单位 12 丹麦克朗。然而，实际的销售量只有 5.6 万个。表 8–6 列示了利润比预计值少 6.4 万丹麦克朗。

我们可以得出这样的结论，销售收入的下降导致净利润减少了 6.4 万丹麦克朗。变动成本比预计值减少 2 万丹麦克朗，它至少有助于抵消下降的销售收入。然而，这是错误的导向。与预算中 6 万单位产品的预计成本相比，这个有利的 2 万丹麦克朗的差异反映了 5.6 万单位产品的真实成本。这并不是好事，因为如果销售量更低的话，成本也会更低！我们把预算固定在了 6 万单位产品的水平，但我们想要知道的是我们把预算设定在 5.6 万单位时存在的差异。换言之，斯蒂尔赫德应用公司准备一份灵活的预算更有价值，这样的预算可以揭示 5.6 万单位产品的总成本，而不是 6 万单位产品的总成本，对应的单位变动成本为 12 丹麦克朗。表 8–7 对此进行了计算。我们可以看到，变动成本事实上没有显示出 2 万丹麦克朗的有利差异，而是显示出 2.8 万丹麦克朗的不利差异。由于公司只售出了 5.6 万单位产品，预计的变动成本应该为 67.2 万丹麦克朗（12 丹麦克朗 ×5.6 万单位）。但实际上，变动成本却更高，达到了 70 万丹麦克朗。

表 8–6　斯蒂尔赫德苹果手机应用：月度利润表的预算值与实际值及差异（截至 10 月 31 日）

（单位：丹麦克朗）

	预算值（6 万单位）	实际值（5.6 万单位）	差异
销售收入	120 万	112 万	8 万 U
变动成本	72 万	70 万	2 万 F
边际收益	48 万	42 万	6 万 U
固定成本	10 万	10.4 万	4 万 U
净利润	38 万	31.6 万	6.4 万 U

注释：F = 有利的；U = 不利的。

表 8-7　斯蒂尔赫德苹果手机应用：月度利润表（截至 10 月 31 日）

（单位：丹麦克朗）

	预算值（5.6 万单位）	实际值（5.6 万单位）	差异
销售收入	112.0 万	112.0 万	–
变动成本	67.2 万	70.0 万	2.8 万 U
边际收益	44.8 万	42.0 万	2.8 万 U
固定成本	10.0 万	10.4 万	0.4 万 U
净利润	34.8 万	31.6 万	3.2 万 U

固定成本的差异为 4 000 丹麦克朗，也是不利的。我们注意到，在“静态”预算（6 万单位产品和“灵活”预算 5.6 万单位产品）两张表中，固定成本的预算值都是 10 万丹麦克朗。正如我们在第三章所看到的，这是因为相关范围内的固定成本不会改变，而 6 万和 5.6 万都在相关范围之内。也就是说，如果我们假定斯蒂尔赫德应用固定成本的相关范围是 0～10 万，那么这些成本对 5.6 万单位和 6 万单位的销售量来说是一样的，因为它对应的规模是从 0 到 10 万。因此，在相关范围内，灵活预算中的固定成本是相同的。然而，如果超过了相关范围，灵活预算就会显示出不同的固定成本。如果我们对每个产品的固定成本进行详细分析，就能找到导致 4 000 丹麦克朗不利差异的具体成本。这将为斯蒂尔赫德应用提供有用的信息，告诉他们为什么没有适当地预计间接费用。

我们可以看到，实际的净利润比预算净利润少 6.4 万丹麦克朗。由于这一点，3.2 万丹麦克朗差异的来源是成本。对成本进行分解后，可以发现这是由于在 5.6 万单位时，变动成本比预计高 2.8 万丹麦克朗，而固定成本比预计高 4 万丹麦克朗。

实际销售量低于预算值的事实也意味着，净利润会低于预计值。

两者之差被称为销售差异（sales variance）。销售差异（不利的）告诉我们，企业因为没有达到预算的销售量而损失了多少边际收益。

销售差异 = （实际销售量 - 预算销售量） ×单位边际收益

销售差异 = （5.6 万单位 -6 万单位） ×8 丹麦克朗/单位

= -4 000 单位 ×8 丹麦克朗/单位

=3.2 万丹麦克朗不利差异

上面的计算显示，由于销售量比预算值少了 4 000 单位，净利润比预算值减少了 3.2 万丹麦克朗。这导致企业出现了不利的销售差异。6.4 万丹麦克朗的不利净利润差异如表 8–8 所示。

表 8–8 净利润差异的计算 （单位：丹麦克朗）

销售收入差异	3.2 万 U
变动成本差异	2.8 万 U
固定成本差异	0.4 万 U
净利润差异	6.4 万 U

因此，总而言之，斯蒂尔赫德应用没有实现 38 万丹麦克朗预算净利润有三个原因：

- 销售量的下降导致预期净利润减少 3.2 万丹麦克朗；
- 变动成本差异导致预期净利润减少 2.8 万丹麦克朗；
- 固定成本差异导致预期净利润减少 0.4 万丹麦克朗。

斯蒂尔赫德应用应该进一步分析这些差异，以找到导致差异的具体原因。这些差异将发出企业应当改进生产过程和营销工作的信号。它们也将告诉我们，企业偏离投资者预期的程度有多大。当我们考察差异时，可能会出现环境的变化，而这进一步意味着我们需要改变当前的商业模式。

假设如表 8-9 所示，企业为斯蒂尔赫德苹果手机应用插头设定了原材料、人工和间接费用的标准。

表 8-9 单位产品的总变动成本计算 （单位：丹麦克朗）

	单位成本
直接材料（5 克/单位产品，1.4 丹麦克朗/克）	7.00
直接人工（0.5 小时/单位产品，16 丹麦克朗/小时）	8.00
间接费用（0.5 人工小时数/单位产品，8 丹麦克朗/人工小时数）	4.00
总标准单位成本	19.00

11 月，斯蒂尔赫德应用预计的产量为 2.4 万。但最终，他们只生产了 2 万个。我们可以利用 2 万单位水平的灵活预算来准备一份业绩报告，如表 8-10 所示。在业绩报告中，预算值基于每单位的标准成本再乘以 2 万单位得到。业绩报告显示，11 月的总变动成本差异为不利差异，金额为 18 444 丹麦克朗。

表 8-10 斯蒂尔赫德苹果手机应用：月度业绩报告（截至 11 月 30 日）

（单位：丹麦克朗）

	预算值	实际值	差异
直接材料	140 000	134 964	5 036 F
直接人工	160 000	173 880	13 880 U
变动间接生产费用	80 000	89 600	9 600 U
合计	380 000	398 444	18 444 U

让我们来看看如何使用标准成本来分析差异。假定斯蒂尔赫德应用希望根据直接人工小时数来分配变动间接费用。以下内容展示了如何得到差异值的计算过程。斯蒂尔赫德应用已经记录了实际的原材料和人工成本及耗用的数量（见案例 8-2）。

案例 8–2　斯蒂尔赫德应用差异值的计算

原材料价格差异

实际数量 × 实际价格 –实际数量 × 标准价格

AQ × AP–AQ × SP

97. 8 千克 ×1. 38 丹麦克朗/克 –97. 8 千克 ×1. 4 丹麦克朗/克

=1 956 丹麦克朗（有利差异）

原材料耗用差异

实际数量 × 标准价格–适用于灵活预算的标准数量 × 标准价格

AQ × SP–SQA × SP

97. 8 千克 ×1. 4 丹麦克朗/克 – 100 千克 ×1. 4 丹麦克朗/克

=3 080 丹麦克朗（有利差异）

人工分配率差异

实际小时数 × 实际分配率–实际小时数 × 标准分配率

AH × AR–AH × SR

10 800 小时 ×16. 1 丹麦克朗 – 10 800 小时 ×16 丹麦克朗

=1 080 丹麦克朗（不利差异）

人工效率差异

实际小时数 × 标准分配率 – 适用于灵活预算的标准小时数 × 标准分配率

AH × SR × SHA × SR

10 800 小时数 ×16 丹麦克朗 –10 000 小时数 ×16 丹麦克朗

=12 800 丹麦克朗（不利差异）

间接费用差异

实际发生的成本 – 实际小时数 × 标准分配率

AC – AH × SR

89 600 丹麦克朗 –10 800 小时 ×8 丹麦克朗

=3 200 丹麦克朗（不利差异）

间接费用效率差异

实际小时数×标准分配率－适用于灵活预算的标准小时数×标准分配率

AH×SR－SHA×SR

10 800 小时×8 丹麦克朗－10 000 小时×8 丹麦克朗

＝6 400 丹麦克朗（不利差异）

个体的差异分析告诉我们，斯蒂尔赫德应用是否有效率地和有效果地利用了资源。但是，正如上面所看到的，我们应当分析导致差异的根本原因。这将有助于企业评估环境中的不确定性。你将有能力评估企业是否从过去吸取经验（包括过去的错误估计），并且在继续发展的过程中应用这些知识。

作业会计

供应多种产品的创业公司常常会发现，它们的部分服务或产品很容易提供，而另一部分则非常复杂。同时，它们的部分产品销售量非常大，而另一部分产品的销售量则不尽人意。这些企业经常看到，生产产品或提供服务的成本并不只是由它们所供应的数量决定的。这些成本可能会随着产品的复杂性和多样性的提高而增加。

设想一个生产两种产品的企业，两种产品都易于生产。其中一种产品售出 700 单位，而另一种产品售出 300 单位。然后，假定另一家企业也售出 700 单位的简单商品。但是，这家企业也同时拥有 24 种非常复杂的产品，每一种售出 10 单位，此外，还有 15 种生产难度很大的产品，每次只售出 4 单位。第一家企业的总成本远远低于第二家企业的总成本。一般而言，产品或服务的供应规模不是企业成本的唯一来源，复杂性也有成本。一家拥有多种产品的企业，包括简单产品和复杂产品，会比只拥有一种或少数简单产品的企业成本高得多。而具有分散化产品范围和数量多样性的企业发现，为了维持多样性，企业的成本会迅速上升。因此，数量不是唯一的成本动因（cost driver）。很多活动都驱动着成本并导致间接费用的增加，同时随着产品多样性和产品复杂性的增加而增加。科技公司尤其符合这一点，因为它们经常改变产品，以应对顾客的需求和不断变化的市场环境。

让我们用一个例子来说明，在成本会计方式下产品的成本是如何被曲解的。这里，基于数量的成本动因将把成本分摊到具有多样性的产品上，每一种产品的销售量各不相同。埃尔帕（Elppa）公司生产 4 种商品：P1、P2、P3 和 P4。其他成本如下：直接人工小时数（DLH）成本 = 10 英镑/小时；直接材料成本（DM）= 20 英镑/吨；变动间接（VOH）费用 = 19 800 英镑；固定间接（FOH）费用 = 40 920 英镑。产品有不同的销售价格并且以不同批量进行生产，如表 8-11 所示。

表 8-11 埃尔帕公司产品数据

产品	销售价格（英镑）	每批数量	直接人工小时数（每单位产品）	直接材料（每单位产品的吨数）
P1	350	20	4	5
P2	240	200	4	5
P3	550	20	8	10
P4	460	200	8	10

假定埃尔帕公司根据直接人工小时数来分配间接费用。则公司对间接费用分配率的计算如下：

间接费用分配率 = 总间接费用（OH）/总直接人工小时数（DLH）

（19 800 英镑 +40 920 英镑）/（20 ×4 +200 ×4 +20 ×8 +200 ×8）

= 23 英镑 / DLH

现在，我们可以计算出 P1、P2、P3 和 P4 的成本。表 8 –12 列示了产品成本的计算结果，表 8–13 计算出了每个产品的利润。

表 8–12　埃尔帕公司的传统成本计量

产品	直接材料	直接人工	固定间接成本	产品成本
P1	（5 × £20）	（4 × £10）	（4 × £23）	£232
P2	（5 × £20）	（4 × £10）	（4 × £23）	£232
P3	（10 × £20）	（8 × £10）	（8 × £23）	£464
P4	（10 × £20）	（8 × £10）	（8 × £23）	£464

表 8–13　埃尔帕公司产品：利润是多少　　（单位：英镑）

产品	利润
P1	118
P2	13
P3	86
P4	–4

现在，如果我们观察产品的物理生产过程，可以看到 4 种产品分别依赖于不同的活动。比如，固定间接费用可能与两个事项相关：生产开始之前准备计算机，以及在实际组装开始之前进行重组。我们可以看到，生产准备和重组是产生固定间接费用的两个关键作业活动。我们将此称为作业成本法（也被称为 ABC 成本法），因为我们考虑的是作为作业活动的生产准备和管理，而不仅仅是把规模和范围作为两个间接费用（40 920 英镑）的成本动因。表 8–14 展示了创业公司应

当予以记录的相关作业的数据。

表 8-14　埃尔帕公司作业成本数据

产品	每批的生产准备活动次数*	每批的管理活动次数**
P1	2	2
P2	6	4
P3	2	2
P4	6	4

注：* 总生产准备成本 = 16 368 英镑；* * 总管理成本 = 24 552 英镑。

成本动因如下所示：

DL + VOH = 10 英镑 + （19 800 英镑 / 2 640 DLH）= 17.5 英镑 / DLH

DLH 是一个基于数量的成本动因，因为埃尔帕公司生产得越多，需要的直接人工小时数就越多。作为分母的2 640 DLH 和我们前面计算的相等：

$20 \times 4 + 200 \times 4 + 20 \times 8 + 200 \times 8$

则有：

生产准备成本 = 16 368 英镑 / 16 = 1 023 英镑

管理成本 = 24 552 英镑 / 12 = 2 046 英镑

生产准备成本和重组成本都是基于作业活动的成本动因，因为每一个活动都是生产所必需的，但是其成本不会随着每批生产的产品数量的增加而上升。对于这些成本，是产品批次驱动着成本，而不是每批生产的产品数量。表 8-15 展示了埃尔帕公司 4 种产品基于作业活动的成本计算过程，表 8-16 则报告了每种产品的利润。

表 8–15　埃尔帕公司的作业成本计量

产品	直接材料成本	直接人工 + 变动间接成本	生产准备成本	重组成本	产品成本
P1	(5 × £20)	(4 × £17.5)	(2 × £1 023 / 20)	(2 × £2 046 / 20)	£476.90
P2	(5 × £20)	(4 × £17.5)	(6 × £1 023 / 200)	(4 × £2 046 / 200)	£241.61
P3	(10 × £20)	(8 × £17.5)	(2 × £1 023 / 20)	(2 × £2 046 / 20)	£646.90
P4	(10 × £20)	(8 × £17.5)	(6 × £1 023 / 200)	(4 × £2 046 / 200)	£411.61

表 8–16　埃尔帕公司：真正的利润是多少　　（单位，英镑）

产品	利润
P1	–126.90
P2	3.39
P3	–96.90
P4	48.39

你可以看到，与前面简单的产品成本计算相比，产品利润的排名现在发生了变化。如果我们假定只有产品的数量驱动成本，就会得到 4 种产品利润的错误排名，即：P1、P3、P2、P4。但是，如果我们意识到生产准备和管理活动是与生产的批次相关而不是每一批的产量相关，即我们识别出了基于作业活动的成本，那么 4 种产品的利润排名为：P4、P2、P3、P1。的确，这是一个完全相反的排名。如果埃尔帕公司依赖前一种成本计量，就可能决定要放弃 P4 的生产，因为它将导致亏损，尤其是在没有其他策略方面的原因要保留它时。而公司可能认为 P1 和 P3 是利润最高的。然而，在作业成本法下，它们却是利

润最少的产品。事实上，我们看到 P1 和 P3 是亏损的，而 P4 是利润最高的！

在决定是否放弃或保留产品时，作业成本法可以帮助你做出更好的决策，因为它不会扭曲企业实际利润的数据。当成本由复杂性而不是产品驱动时，会产生一些困惑。这就是科技创业公司经常面临的情形，因为它们必须不断改变供应的产品或服务，在继续销售标准产品的同时试验新的产品。如果创业公司的产品多样性较低，生产产品或服务的资源、用户或使用者无法根据与范围相关的成本动因进行区分，那么传统的成本会计系统就能够有效地运行。但由于科技创业公司投资于灵活的科技，因此他们更多面临的情况是小批量生产的产品与大批量生产的产品是不同的。这里记住这一点非常重要——驱动成本的不仅仅是产量。若不采用作业成本法，创业公司可能会针对简单的产品报告更低的利润，因为成本方式导致其认为自身消耗了更多的成本。由于裁减哪些产品的决策通常是基于单个产品的利润，这些简单产品可能会最先被放弃。然而，如果这些简单的产品大量生产的话，往往显现出创造利润的真实潜力。与此同时，其他销量更低、生产更复杂的产品，可能会创造不错的单位利润，它们会成为企业保留和推动的产品。如果是这样，那么在一段时间之后，当你查看利润表的最后一行减去总间接费用之后的数额，你会开始看到利润正在下降，并且下降的利润会最终变为亏损。

企业的亏损反映了这样的事实——少量专业化的复杂产品的成本比计算的成本更高。由于这种误差，企业可能为复杂产品设定了过低的价格。高销量产品的成本看起来高于实际成本，但实际上却在创造利润，并对销量较低的复杂产品形成交叉补贴。因此，如果企业从成本方式中获取了错误的信号，或是为了低销量的复杂产品放弃了高销量的产品，企业就会由盈转亏。而最后，放弃产品的糟糕决策将导致企业放弃更多本应该保留的产品。这时，创业公司就会发现自己正在“死亡螺旋”（death spiral）中挣扎。

获取客户也有成本

增长率是评估创业公司健康程度的关键。任何一个与创业公司相关的指标都需要以增长率的形式呈现，它可以是逐周的增长率或逐月的增长率。如果我们考察收益增长率，就可以发现有趣的证据。企业的收益在累积吗？即现有的客户会再次购买或购买更多吗？例如，如果你的平台使用的是订阅的商业模式，现有的用户会续订吗？现有用户中有多少人会续订？

但是，如果你的创业公司还没有通过销售带来现金流，那会怎么样呢？企业可能只有源于融资的现金。那么，一个很核心的问题就是：企业的燃烧率（burn rate）是多少？换言之，企业月初的平均现金余额比月末高吗？计算出燃烧率可以让你知道创业公司还能够生存多久？换一种方式就是，在你免受现金缺乏的挣扎而正式起飞之前，你可以计算出自己的跑道（runway）有多长。我们在第六章考察了如何编制企业的现金预算，它将决定我们的跑道有多长及进一步融资的舞台。计算出燃烧率，再加上对企业何时能够实现收支平衡的估计，应当成为任何一家创业公司持续的自我测评的组成部分。但是，如果你的企业还没有进入销售可以带来现金流的阶段，那么这个需求就存在问题。这是因为，为了展示企业的价值及未来增长的可能性——有时是爆发式的增长，企业不需要盈利（但只是暂时的）。在运营的头20年中，亚马逊几乎没有盈利。尽管如此，投资者还是在继续支持这家公司。当它开始从销售中获得现金流时，这家企业故意进行再投资：本质上是把公司赚来的钱再投资给公司，以确保企业的成长。同样，11 年后，推特仍然希望自己能够盈利，而声破天也是如此。优步自 2009 年成立以来就一直亏损，但近期它的估值达到 690 亿美元。那么，科技创业公司应当传达出怎样的信号来说服投资者支持它们呢？事实证明，有很多重要的指标都可以说明企业的健康程度。

对于平台类创业公司，用户数量就是极为重要的指标，但这些用户必须是活跃的，而用户的数量也要持续增长。本书或许会有很多读者，但利润来自未来而不是过去的销售。活跃用户的数量是衡量企业成长的重要指标。如果活跃用户正在下降，那么企业就需要采取一定的措施来阻止，否则企业将无法生存下去。如果活跃用户正在增长，那这是一个好的信号。最重要的是，提供产品的成本并不是科技创业公司需要考虑的唯一成本。你需要用户，但获取用户需要成本。企业需要非常努力地获取用户——尤其是忠实的用户。你曾经非常谨慎地使用一家公司的服务，在此之后你就把它作为自己的第一选择了。所有的企业都尝试通过获取和维护客户来使收入最大化。第一单销售并不总是盈利的，因为它需要投入成本来吸引消费者。但是，忠实的消费者会长期提供更好的高利润预期，因为这些初始成本不会再发生了。同时忠实的消费者可能会引导其他人在同一平台购买。

创业公司需要做出多大的努力来获取客户呢？在第三章，我们考察了科技公司能够从产品中提取的高边际收益。我们看到了，应该如何为增长迅速的产品而不是立即盈利的产品定价。打开获取客户的大门非常重要。可能出现的情况是，你的客户事实上并不是你的客户。实际上，你的商业模式可能是拥有一些把你的用户看作产品的客户！这里，我们希望考察你的客户会带来利润的情形，并集中关注获得客户的成本。让我们来看看客户获取成本（customer acquisition cost，缩写为 CAC）。

对科技创业公司而言，计算出客户获取成本非常简单。有针对性的网络活动提供了非常具体的结果，因而我们可以准确地计算出这一财务指标。这是因为网络的营销活动非常集中，追踪到具体的客户行为就相对直观。众所周知，利润等于收入减去成本。考察客户产生的利润也是如此。我们知道，如果客户带来的收入大于我们对他们的投入，企业就将从客户身上获得利润。

那么，计算客户获取成本的第一步就是用获取客户的支出除以实际获得的客户数量。如果我们花费了 10 000 美元来获得 100 名客户，则客户获取成本就是 10 000 美元/100 人 = 100 美元/人。然后我们希望把这个数值与每位客户产生的边际收益相比较（边际收益等于销售价格减去所有的变动成本）。边际收益可以直接让创业公司覆盖固定成本，而一旦固定成本被覆盖，就会直接增加利润。因此，我们应当计算出客户获取成本，并将它作为最终从边际收益中扣除的项。本质上，我们把客户获取成本作为一项变动成本。但是，这并没有结束。理想的状态是，你并不想吸引来的客户只从你这里购买一次，你希望他们再次购买。如果你支出了客户获取成本，而客户进行了多次购买，那么客户获取成本对每一个进行多次购买的客户来说就不是一项变动成本。因此，它的确是一项需要一次性支出的成本，应当从所有该客户获得的未来预期收益中予以扣除。这也是客户终身价值（lifetime value，缩写为 LTV）概念的来源［格利（Gurley），2012］。

让我们假设你的创业公司独家行情网（www.properticker.com）向客户提供订阅式服务。网站根据国家销售名册提供的信息，向订阅客户提供与房地产销售相关的实时定制信息。网站会持续地根据区域、房地产类型和价格区间个性化地制作客户的定制信息。这些信息对房地产投资者、房地产中介、抵押贷款经纪人、建筑商和搬家公司来说都非常有用。

创业公司每个月发生 20 万英镑的成本用于支付搜索引擎优化（search engine optimization，缩写为 SEO）的服务费用并从中获取 4 万名客户。因此，它的客户获取成本为20万英镑/4万人=5英镑/人。如果每名客户每年的边际收益为12英镑且预期的生命周期为5年，则LTV=5×12英镑-5英镑=55英镑。LTV/CAC的比率是考虑客户获取成本之后，另一种分析客户盈利能力的有效方法。本例中，它的值是60英镑/5英镑 = 12。你希望这个比率大于1。这个比率应当小于1的唯一时刻，就是你正在执行激发增长战略以推动企业走向转折点之时，或者，比如，企业有了新的利润流，从而导致客户获取成本对销售利润产生了负效应。如果你对客户终身价值的计算非常专注，那你可以计算出不同来源的资产的成本，如股权、负债和其他来源，然后对货币的时间价值进行调整。计算客户终身价值的公式如下：

$$\sum_{x=1}^{n} \mathrm{CM}x/(1+\mathrm{CC})x-\mathrm{CAC}$$

其中，CM=边际收益，CC=资本成本，x=年。

因此，如果你的资本成本为14%，那么在我们的例子中：

$$\sum_{x=1}^{5} 12\text{英镑}\,x/(1.14)x-5\text{英镑} = 37.21\text{英镑}$$

这个值低于55英镑，即低于我们前面所计算的预期价值。这是因为你将在未来得到的钱要少于今天已经持有的钱（更详细的讨论参见章末的进一步阅读）。另一个创业公司需要考虑的事项就是，随着客户数量的增加，客户获取成本也会上升。这或许和你的直觉不符，但是请记住：一些客户增长是系统性的，它与你的过去和现有的客户服务相关，来自口碑和其他方面。它不仅仅是在营销预算的支持之下你的客户获取成本支出的结果。因此，你必须十分注意这一点，即不要认为所有的用户增长都来自搜索引擎优化活动（在本例中）。过去的营销成本也可能带来部分的客户增长，所以要仔细考察与新增客户增长指标相关的客户获取成本，而不是与混合在一起的增长指标。显然，随着客户基数的增加，客户获取成本会有所上升。同时，不要忘记确认客户获取成本支出，因为这样你才能知道哪些部分在起作用。例如，你可能会为按点击数付费的广告和博客活动支付费用。你需要有充足的信息来评估哪些部分对客户增长有用以及有多大的作用。

尽管创业公司的客户呈现出增长良好的势头，也能给企业带来正的边际收益，但它们更容易流失忠实客户。考察客户流失的指标对于决定采取何种措施非常有用。假定独家行情网网站在月初时有1 320名付费用户，但月末就只剩下 1 227 名。这意味着客户流失率（customer churn rate，缩写为 CCR）为：

（1 320 - 1 227）/1 320 = 7%

我们可以从收入的角度来看。假设每月从每位客户获得的收入是 1.25 英镑。那么，独家行情网网站的月度经常性收入（monthly recurring revenue，缩写为 MRR）就会下降。我们得到了同样的收入流失率，计算过程如下：

（1 320 × 1.25 英镑 - 1 227 × 1.25 英镑）/（1 320 × 1.25 英镑）= 7%

了解流失的原因和影响非常重要。你的竞争对手可能为客户提供更好的选择，或许你不能按照相应质量水平来完成客户的订单。考察平均交易价值（average transaction value，缩写为 ATV）将为你提供信号，告诉你客户对产品的喜爱程度及他们是否有意愿支付更多或更少。你可以将每位客户带来的收入与时间段联系起来（比如每位客户每季度的平均收入），这也是部分平台追踪销售收入的一种有效机制［贝尔科夫斯基（Berkowski），2014］。同时监控这些指标以及客户获取成本、客户终身价值和客户流失率将有助于引导你转变决策。最终，无论你的策略是什么，创业公司的货币化都非常关键。实现做大做强所需要的时间比你预期的要长，而如果企业不能创造价值，投资者就会失去耐心。一些创业公司成功地推迟创造收入的时间，然而，那些能够最早创造收入的创业公司，才最有可能更快地吸引投资者。本章末的“科技创业公司追踪表”为你提供了一张监控企业表现的评分表。从我们应该是什么样及我们现在是什么样的角度，我们所讨论的指标将被作为追踪企业的关键指标。你可以根据企业的关键绩效指标（key performance indicator，缩写为 KPI）来对表中的指标做进一步的调整，并指向与 ROI 目标一致的里程碑节点。但是，将指标和差异与改变企业运营的决策联系起来也同样重要，或许这反映出企业需要改变自身商业假设的需求。

你有退出策略吗

当你拿到投资者提供的投资条款清单，你就可以非常确定自己能够获得资金了。你的企业已经处于运营之中，那么现在，你就可以进一步提升运营水平了。但是，你希望在本轮融资中获得资助的另一个原因在于，这样才能使企业进入下一轮融资或维持企业的增长路径。你需要提前预期企业的融资需求。6 个月的缓冲期并不是很长的一段时间，并且你或许还需要时间来确认进入下一轮融资的时间。最后，你可能经历了几轮融资，并见证自己的企业发展得非常好。只有极少数企业能够成为独角兽（unicorns）（估值 10 亿美元以上的创业公司），如埃迪支付（Adyen）、海客（Hike）、爱彼迎和小米。本书撰写时，这类企业的数量不超过 200 家（CB Insights，年份不详），但预计还会增长。随着创业公司的发展，你将面临重大抉择：你希望继续保持小规模，还是扩大规模并对增长进行管理？你希望把企业出售给更大的、拥有更好的销售和营销团队的公司吗？你必须及时做出决定。当你思考任何一项需要付出努力的人生决策时，你不会一开始就想着如何退出，如学习舞蹈、讲一门外语或开始一项艺术收藏。

我们应当把创业公司看作这样的公司，它在适当的投入下会呈现出高速增长，直到企业进入可以扩大规模的阶段。一种标志就是企业的销售收入不断增长且规模扩大。科技创业公司尤为如此，因为它们所投入的技术支持企业的规模扩展。为了让收入增加、利润增长，有效的现金流管理十分重要。我们在第六章考察了现金预算，并讨论了如何将企业的融资成本与风险相匹配。当你成了现金流管理的专家，并且通过管理资源和重塑产品使得收入和利润都有所增加，就到了你应当设想企业更大的发展潜力之时。当企业的客户增长通过口碑而逐渐增加时，你会得到正面的媒体评论，存货迅速下降，企业需要更多的销售人员——这些都是好的信号。企业的客户获取成本甚至可能会下降，而平均交易价值会上升，客户终身价值也会提高。理想的情况是，企业的其他关键绩效指标也有稳定的表现，就像科技创业公司追踪表中列出的那些指标一样。此时，你的企业已经得到了验证。你知道生产产品或提供服务的成本，并正在获得自己需要的利润。在这一阶段，你可以考虑拓展企业的基础架构来获得越来越多的市场容量。但随着企业规模的扩大，即使所有的信号都是正确的，对你来说也不一定是一件好事。你可能有不错的理由要寻求退出。或许，你已经收到了无法拒绝的邀请。你的选择是什么呢？

IPO 或许是你想要的，但现在还为时过早。很多企业家都相信，大公司对自己的产品或服务都了如指掌。因此，如果它们想在某个时候展开收购，创业公司就会成为收购的目标。大型企业可能是战略买家（strategic buyer）。它们可能是因为自身具备营销能力而想要收购你的企业，而不是因为你所开发的产品。或者，它们无法抓住迅速变化的市场机遇，而你的企业可以为他们提供一个良好的开始。另一方面，出资并购的企业也有可能是金融买家（finanial buyer）。它们或许认为，通过注入更多的资本，被收购企业的价值可以得到迅速提升。

或许，它们希望改变被收购企业的管理，或是增加专业人才，以期在将来进行出售或 IPO。以安德森（Andreessen）及其私募团队为例。2009 年，它们以金融买家的身份从亿贝手中花费 19 亿美元收购了网络电话（Skype）。18 个月之后，它们又以 85 亿美元把它出售给微软。对作为战略买家的微软来说，网络电话的吸引力在于它可以和微软的其他产品联系起来，如微软手机（Windows Phone）、微软游戏机（Xbox）、微软电子邮件（Exchange）和用户共享服务（SharePoint）。始终需要记住，你和你的投资者之间的差异是什么：尽管他们就像你一样，希望创业公司能够创造价值，但他们的计划始终是退出，而你的计划并非如此。

本章小结

我们考察了：

- 如何匹配投资者的投资收益率要求与企业的目标；
- 企业如何计量产品成本和分析差异；
- 作业会计如何帮助企业最大化利润；
- 如何监控客户获取成本、客户终身价值和客户流失率；
- 如何利用科技创业公司追踪表来确保企业朝着正确的方向前进；
- 如何考虑你的退出策略——如果你想要退出的话。

科技创业公司追踪表

指标	目标值	实际值	差异	行动
产品成本				
销售收入				

（续表）

指标	目标值	实际值	差异	行动
变动成本				
固定成本				
客户获取成本				
客户终身价值				
客户流失率				
月度经常性收入				
平均交易价值				
投资收益率				
内部收益率				

复习思考题

1. 描述如何最大化创业公司的投资收益率？
2. 如果只知道企业的间接费用估计值，如何计算一笔订单的单位产品成本？
3. 什么时候需要运用作业成本法？
4. 在科技创业公司的追踪表中，你还希望加入哪三项指标？
5. 为什么你不能 IPO？

延伸阅读

Berk, J and DeMarzo, P (2014) *Corporate Finance*, Pearson, Harlow, UK

Bhimani, A, Horngren, C, Datar, S and Rajan, M (2015) Management and Cost Accounting, Pearson, Harlow, UK.

Kruschwitz, L (2005) *Discounted Cash Flow: A theory of the valuation of firms*, Wiley, Chichester, UK.

参考文献

Berkowski, G (2014) *How To Build a Billion Dollar App*, Piatkus, London, UK.

CB Insights (nd) The unicorn list: Current private companies valued at $ 1b and above, available at www.cbinsights.com/research-unicorncompanies [accessed 10.6.17]

Gurley, B (2012) The Dangerous Seduction of the Lifetime Value (LTV) Formula, available from http://abovethecrowd.com/2012/09/04/the-dangerous-seduction-of-the-lifetime-value-ltv-formula/ [accessed 21.3.17]

术语表

加速器（accelerator） 为创业公司提供多种支持服务和融资途径的组织。

广告商业模式（advertising business model） 利用互联网平台销售广告的商业模式。

天使投资人（angel investor） 为创业公司提供资金的个人，通常以持有公司的可转换债券或股权作为交换。

资产（asset） 用于表示个人或企业所拥有的经济价值的项目。

资产负债表（balance sheet） 以汇总的形式反映企业在某一特定时间点的资产、负债和所有者权益状况的财务报表。

自举法（bootstrapping） 创业公司的内部融资来源——通常是创始人的个人收入和储蓄，以及任何内部的现金流。

收支平衡点（break-even point） 销售收入与成本相等，即所创造的收入为零的点。

经纪（brokerage） 由平台将买卖双方聚集在一起的商业模式。

燃烧率（burn rate） 科技创业公司为支持运营活动而耗尽其资本的速度，通常指具备产生正现金流的能力之前企业耗尽资本的速度。

商业模式（business model） 企业未来创造和交付价值的方式。

商业风险（business risk） 与产品、技术或市场相关的不确定性。

企业对企业（business-to-business，缩写为 B2B） 企业向企业销售产品的商业模式。

企业对消费者（business-to-consumer，缩写为 B2C） 企业向消费者销售产品的商业模式。

资本（capital） 由个人或企业所拥有的现金或其他资产形式的财富。

资本结构（capital structure） 衡量所有者（所有者权益）提供的资金相对于债权人（负债）提供的资金的比率。

边际收益（contribution margin） 产品的价格减去变动成本。

成本（cost） 企业已经支付或者已经放弃的金额，它可能成为企业的支出。

总成本领先（cost leadership） 与市场中现存企业展开竞争的低成本战略。

个人对个人（customer-to-customer，缩写为 C2C） 为客户或用户提供互动平台的企业。

前沿科技（deep tech） 以科学发现或重大技术创新为基础的公司。

折旧（depreciation） 由于使用、磨损或报废而导致资产随时间而减少的价值。

差异化（differentiation） 让客户认为公司的产品或服务比竞争对手的更优越的战略。

直接成本（direct cost） 可以直接追溯到活动的费用。

尽职调查（due diligence） 投资者为确保创业公司符合规定的融资标准而采取的措施。

电子商务（e-commerce） 通过平台购买和销售商品与服务。

效率比率（efficiency ratio） 用于分析公司在内部如何使用资产和负债的指标。

退出策略（exit strategy） 为实现利益最大化而停止投资的结构化计划。

支出（expenditure） 购买商品或服务支付的现金或现金等价物，通常这些商品或服务最终成为资产，其中一部分成为成本。

费用（expense） 在组织创造收入的过程中所耗用的资金或成本。

体验式众包用户群（experience-oriented crowd users） 强调从用户体验、众包和平台数据分析中获取价值的商业模式。

财务风险（financial risk） 企业进行融资的方式和自身的成本结构对创业公司所造成的风险。

金融科技（fintech） 将科技应用到金融活动中的一种新型金融产业。

固定成本（fixed cost） 在相关活动范围内保持不变的成本。

聚焦化（focus） 将创业公司用于扩张的资源集中到一个狭窄的市场或行业中。

免费增值（freemium） 一种商业模式，提供基本服务免费，但提供更高级的功能则需要收费。

公认会计准则（Generally Accepted Accounting Principles，缩写为GAAP） 基于美国的财务报告会计规则和标准。

零工经济（gig economy） 短期工作或自由职业项目普遍存在的劳动力市场。

市场增长率–市场份额矩阵（growth share matrix） 由波士顿咨询集团开发的一种计划方法，它通过考虑企业的产品供应来帮助决策，为企业提供策略上的支持。

硬科学（hard science） 聚焦于将纯粹的研究商业化的创业公司。

孵化器（incubator） 早期帮助培育创业公司的组织。

间接成本（indirect cost） 不能直接追溯到企业活动中的费用。

首次公开募股（initial public offering，缩写为IPO） 企业首次在开放的市场公开出售股份的过程。

国际财务报告准则（International Financial Reporting Standards，缩写为IFRS） 国际会计准则委员会（IASB）制定的一系列会计准则。

投资比率（investment ratio） 衡量投资金额与应计利润之间的关系的

指标。

生产引导者模式（lead generator model） 一种向其他企业出售用户信息的商业模式。

负债（liabilities） 企业的金融负债或运营中承担的义务。

流动性比率（liquidity ratio） 衡量企业短期偿债能力的指标。

锁定（lock-in） 对用户在产品或服务之间的切换增加阻力。

里程碑（milestone） 通常是由投资者设定的目标，如客户数量、收入增长率、已实现利润等。

网络效应（network effect） 当更多的消费者使用商品或服务时，商品或服务本身也会获得更多的价值。

网络（network） 能够使信息或资源得以交换的一系列相互联系。

净资产（net worth） 一个实体拥有的非金融和金融资产的价值减去其所有负债的价值。

间接费用（overhead cost） 与经营活动有关的费用，其中部分费用可能与产品或服务的生产或供应没有直接关系。

合伙企业（partnership） 一种商业实体，由两个及以上的共同所有者共同投入资源，共同分享利润和损失，并对企业的行为承担个人责任。

转向（pivot） 创业公司经过前一阶段的学习改变了发展方向。

平台（platform） 一种商业模式，它利用和捕捉的价值通常得益于网络效应。

按用户计价（price-per-user） 对每一位购买的用户收取费用的商业模式。

产品–市场匹配度（product-market fit） 衡量一家创业公司的产品是否满足市场需要，以及是否处于一个良好的市场中的适合程度。

利润（profit） 企业所实现的经济收益，即营业收入超过营业成本和税收的部分。

盈利能力比率（profitability ratio） 衡量企业创造利润能力的指标。

相关范围（relevant range） 假定成本函数成立的数量范围。

储备（reserves） 企业用于满足未来再投资、支付或紧急需要所需的资源数量。

限制性条款（restrictive covenant） 对前员工的限制，如不能到竞争对手企业工作或争夺原企业的业务和客户。这种条款也用来表示对债务融资的限制。

风险厌恶（risk-averse） 当两种选择具有相同的总体利润预期时，偏好不确定性更低的回报的特性。

跑道（runway） 一家企业在需要更多资金之前可以维持运营的时间长短。

规模升级（scaling up） 有证据显示创业公司具有明显的吸引力和价值创造能力，因而可以将投资增加到积极增长的时刻。

搜索引擎优化（search engine optimization，缩写为 SEO） 试图以技术方式或组织方式来提升在搜索结果中的排名靠前的机会的过程。

种子（seed） 创业公司最初的资本，它可以来自创始人的个人资产、朋友或家人及其他投资者，以满足企业初始运营费用，它的时间先于任何其他的进一步投资。

A 轮（series A） 企业第一轮重大的风险资本融资。

共享经济（sharing economy） 个人之间以免费或付费方式共享资产或服务的空间，在这里人们更喜欢分享或租赁，而不是购买。

所有者权益［stockholders'（shareholders'）equity］ 企业从所有者处获得的资本总额，加上企业经营产生的收入再减去股息的余额。

订阅（subscription） 消费者付费购买某些产品或服务。

沉没成本（sunk cost） 已经发生且无法收回的成本。

科技创业公司（tech start-up） 以新颖的方式提供基于技术的产品和服务，或是将创造出新颖而创新的技术解决方案的新企业。

变动成本（variable cost） 随着生产数量的变化而变化的劳动力、材料或管理费用等成本。

差异报告（variance report） 确定计划或预算的财务结果与实际财务结果之间的差异的报告。

风险资本家（venture capitalist） 为新成立或正在发展的创业公司提供资金的人或企业。

资　源

下面是对科技创业公司而言相当有用的一些信息资源链接：

- https：//www. sba. gov/
- https：//www. score. org/resource/list-startup-resources
- https：//www. uspto. gov/learning-and-resources/startup-resources
- http：//europa. eu/youreurope/business/start-grow/start-ups/index_en. htm
- http：//startupeuropeclub. eu/eu-funds-and-support/
- http：//www. welcomeurope. com/european-subsidies-beneficiary- SMEs. html
- https：//www. gov. uk/business-finance-support/start-up-loans-uk
- http：//startupbritain. org/
- http：//www. techcityuk. com/government-resources/
- www. startuploans. co. uk

下面的网址提供了与孵化器、加速器和创业空间有关的一些信息：

- http：//www. seed-db. com/accelerators
- http：//seedaccelerators. jedchristiansen. com/home/list-of-seedaccelerators
- https：//hubblehq. com/blog/the-official-list-of-londons-business-acceleratorsand-incubators

- http：//entrepreneurhandbook. co. uk/business-accelerators/
- http：//www. nesta. org. uk/
- https：//secondhome. io/

其他资源：

- https：//ec. europa. eu/digital-single-market/startup-europe
- http：//www. europeandigitalforum. eu/
- http：//unicornomy. com/
- http：//startupeuropeclub. eu/
- http：//startupeuropeweek. eu/
- https：//digitalcityindex. eu/
- http：//s3platform. jrc. ec. europa. eu/web-entrepreneurship-and-startups
- http：//blog. ycombinator. com/how-to-raise-a-seed-round/
- http：//www. investopedia. com/uk/
- https：//blog. crowdfunde